Sammlung
Außerdeutscher Strafgesetzbücher

Herausgegeben von den Schriftleitungen

der

Zeitschrift für die gesamte Strafrechtswissenschaft

und der

Mitteilungen der Internationalen Kriminalistischen Vereinigung

XLVII.

Entwurf eines Griechischen Strafgesetzbuches

Berlin und Leipzig 1928

Walter de Gruyter & Co.

vormals G. J. Göschen'sche Verlagshandlung — J. Guttentag, Verlagsbuchhandlung — Georg Reimer — Karl J. Trübner — Veit & Comp.

Entwurf eines Griechischen Strafgesetzbuches

Übersetzt und eingeleitet

von

Demetrius G. Venturas
Rechtsanwalt in Korfu, Griechenland

Berlin und Leipzig 1928

Walter de Gruyter & Co.

vormals G. J. Göschen'sche Verlagshandlung — J. Guttentag, Verlagsbuchhandlung — Georg Reimer — Karl J. Trübner — Veit & Comp.

Vorwort.

Die nachstehende Übersetzung des Griechischen Strafgesetzentwurfs ist während meiner Studien am Kriminalistischen Institut der Universität Berlin im Jahre 1927 auf Anregung des Herrn Professors Dr. Eduard Kohlrausch entstanden.

Es ist mir eine angenehme Pflicht, Herrn Professor Kohlrausch auch an dieser Stelle für das große Interesse und den wertvollen Rat, den er meiner Arbeit hat zuteil werden lassen, meinen aufrichtigsten Dank auszusprechen.

Berlin, im Januar 1928.

Demetrius Venturas.

Inhalt.

Seite

Einleitung 11

Entwurf eines Griechischen Strafgesetzbuches.

Allgemeiner Teil.

Erstes Kapitel.

Zeitliches und räumliches Geltungsgebiet der Strafgesetze.

Art. 1—8 15

Zweites Kapitel.

Die strafbare Handlung.

I. Begriffsbestimmung und Einteilung der strafbaren Handlungen. Art. 9—10 17
II. Schuld. Art. 11—15 17
III. Versuch. Art. 16—19 18
IV. Teilnahme. Art. 20—23 19

Drittes Kapitel.

Strafen. Sichernde Maßnahmen. Schadensersatz.

I. Strafen. Art. 24—56 19
II. Sichernde Maßnahmen. Art. 57—61 26
III. Schadensersatz. Art. 62 28

Viertes Kapitel.

Strafbemessung.

I. Allgemeine Regeln. Art. 63—65 29
II. Rückfall. Art. 66—69 29
III. Konkurrenz. Art. 70—74 31
IV. Bedingte Aussetzung der Strafvollstreckung. Art. 75—80 32

Fünftes Kapitel.

Strafausschließungs- und Milderungsgründe.

I. Gründe, welche die Zurechnung ausschließen. Art. 81—89 34
II. Gründe, welche die Rechtswidrigkeit ausschließen. Art. 90—93 . 36

Seite
III. Gründe, welche die Strafbarkeit aufheben. Art. 94—104. 37

Besonderer Teil.

Sechstes Kapitel.
Hochverrat.
Art. 105—108 40

Siebentes Kapitel.
Landesverrat.
Art. 109—122 41

Achtes Kapitel.
Straftaten gegen fremde Staaten.
Art. 123—126 44

Neuntes Kapitel.
Straftaten gegen die freie Ausübung der staatsbürgerlichen Rechte.
Art. 127—136 46

Zehntes Kapitel.
Angriffe gegen die Staatsgewalt.
Art. 137—150 49

Elftes Kapitel.
Anschlag auf die öffentliche Ordnung.
Art. 151—165 52

Zwölftes Kapitel.
Anschlag auf den Religionsfrieden.
Art. 166—169 56

Dreizehntes Kapitel.
Straftaten, die sich auf den Heeresdienst und die Wehrpflicht beziehen.
Art. 170—174 56

Vierzehntes Kapitel.
Münzstraftaten.
Art. 175—183 58

Fünfzehntes Kapitel.
Straftaten in Beziehung auf Urkunden.
Art. 184—192 60

Sechzehntes Kapitel.

Straftaten in Beziehung auf die Rechtspflege.

Seite

Art. 193—202 62

Siebzehntes Kapitel.

Straftaten gegen die Familienordnung und Ehe.

Art. 203—208 65

Achtzehntes Kapitel.

Gemeingefährliche Straftaten.

Art. 209—234 66

Neunzehntes Kapitel.

Straftaten gegen die Sicherheit des Verkehrs und gegen gemeinnützige Einrichtungen.

Art. 235—244 72

Zwanzigstes Kapitel.

Straftaten im Amte.

Art. 245—275 74

Einundzwanzigstes Kapitel.

Straftaten gegen das Leben.

Art. 276—284 80

Zweiundzwanzigstes Kapitel.

Körperverletzungen.

Art. 285—292 82

Dreiundzwanzigstes Kapitel.

Zweikampf.

Art. 293—298 84

Vierundzwanzigstes Kapitel.

Straftaten gegen die persönliche Freiheit.

Art. 299—312 86

Fünfundzwanzigstes Kapitel.

Straftaten gegen die Sittlichkeit.

Art. 313—332 89

Sechsundzwanzigstes Kapitel.

Straftaten gegen die Ehre.

Art. 333—341 95

Siebenundzwanzigstes Kapitel.

Verletzung von Geheimnissen.

Seite

Art. 342—343 97

Achtundzwanzigstes Kapitel.

Straftaten gegen das Eigentum.

Art. 344—358 98

Neunundzwanzigstes Kapitel.

Straftaten gegen Vermögensrechte.

Art. 359—387 102

Dreißigstes Kapitel.

Durch die Presse begangene Straftaten.

Art. 388—395 109

Einunddreißigstes Kapitel.

Übertretungen.

Art. 396—449 111

Anhang.

Literatur zum Griechischen Strafrecht 123

Einleitung.

I. Die Anfänge des griechischen Strafrechts fallen in die Zeit des Befreiungskampfes des griechischen Volkes gegen die Türken.

Die Nationalversammlung von Epidaurus (1821/22) schuf mit der ersten Staatsverfassung auch eine vorläufige Regelung des Straf- und Privatrechts, indem sie bestimmte, daß bis zur Aufstellung eines Entwurfs für ein Straf-, Zivil- und Handelsgesetzbuch die Gesetze der byzantinischen Kaiser gelten sollten[1]). Die zweite griechische Nationalversammlung zu Astros (1823) beauftragte eine Kommission mit der Ausarbeitung eines Strafgesetzentwurfs. Die Frucht dieser Kommissionsarbeiten war das Strafgesetz von 1824. Seine Hauptmängel bestanden darin, daß es nur — hauptsächlich dem französischen Rechte entnommene — Straftatbestände, jedoch keine allgemeinen Grundsätze enthielt und die Höhe der Strafdrohungen den Bedürfnissen des jungen Staates nicht gerecht wurde. Johann Kapodistrias, der erste Präsident des griechischen Staates (1827), suchte diesen Mängeln durch eine Reihe von Sondergesetzen abzuhelfen, leitete dann aber durch Dekret vom 18. (30.) Dezember 1830 die Schaffung eines neuen Strafgesetzbuches in die Wege. Die Vollendung erlebte Kapodistrias nicht mehr. Im Iahre 1831 wurde er ermordet. Griechenland wurde ein Königreich. Die für den minderjährigen König Otto, den zweitältesten Sohn des Königs Ludwig I. von Bayern, eingesetzte Regentschaft[2]) nahm die von Kapodistrias begonnenen gesetzgeberischen Arbeiten wieder auf. Nachdem in verschiedenen Sondergesetzen eine vorläufige Teilregelung[3]) ergangen war, wurde am 18. (30.) Dezember 1833 das heute geltende Strafgesetzbuch erlassen[4]). Es trat am 19. April (1. Mai) 1834 in Kraft. Es folgten bald darauf die Gerichts- und Notariatsordnung, sowie das Gesetzbuch über das Strafverfahren. Der

---

[1]) Artikel 90 und 91 der Verfassung von Epidaurus (1822) in Maurer »Das griechische Volk« Bd. III, S. 21. Dazu Bisukides in »Handwörterbuch der Rechtswissenschaft«, Art. Griechisches Recht.

[2]) Sie war zusammengesetzt aus dem Grafen von Armansperg als Präsidenten, sowie Georg Ludwig von Maurer und General von Heideck als weiteren Mitgliedern.

[3]) Verschiedene Verbrechen und Vergehen wurden mit besonders schweren Strafen bedroht: So insbesondere gewaltsame Gefangenenbefreiung, räuberische Erpressung, Seeraub, Plünderung, Herbeiführung eines Bürgerkrieges. S. Maurer, Bd. II, S. 80.

[4])Es wurde in deutscher und griechischer Sprache als Beilage in Nr. 3 des Regierungsblattes vom 10. Januar 1834 veröffentlicht.

Schöpfer dieses Gesetzgebungswerks ist der bayrische Jurist und Staatsmann Georg Ludwig von Maurer.

Das griechische Strafgesetzbuch vom 18. (30.) Dezember 1833 lehnt sich eng an das bayrische Strafgesetzbuch von 1813 und insbesondere an die aus der im Jahre 1820 einsetzenden Reformbewegung hervorgegangenen bayrischen Entwürfe von 1822, 1827 und 1831 an. Von anderen ausländischen Strafgesetzen ist insbesondere der Code Pénal von einem gewissen Einfluß gewesen. In seinen Grundgedanken ist das Gesetz von Feuerbachs Theorie des psychologischen Zwanges beherrscht. Das kommt in dem Bestreben, möglichst wirksame Strafdrohungen zu schaffen, zum Ausdruck. Die Schwere der angedrohten Strafen (Todesstrafe in 13 Fällen, lebenslängliche und zeitliche Kettenstrafe[5]) mit schwerer Fesselung an beiden Füßen) entsprach dem noch ungeordneten und unruhigen Zustand des Landes.

Die Bestimmungen des Allgemeinen Teils zeigen ein für die damalige Zeit bemerkenswert hohes dogmatisches Niveau (vgl. z. B. die Regelung des untauglichen Versuchs, der verminderten Zurechnungsfähigkeit und der sogenannten actio libera in causa). Allerdings gehen sie vielfach auf Einzelheiten ein, die zu regeln wohl nicht mehr die Aufgabe eines Gesetzes ist. Im Besonderen Teil fallen — kennzeichnend für den Existenzkampf des jungen Staates — die schweren Strafdrohungen gegen alle Delikte auf, die sich gegen den Staat, die Obrigkeit, den bürgerlichen Frieden, die öffentliche Sicherheit und Gesundheit richten.

II. Die Entwicklung der Strafgesetzgebung und Strafrechtspflege in der auf das Inkrafttreten des Strafgesetzbuchs von 1833 folgenden Zeit erhielt ihr Gepräge zunächst durch eine Konsolidierung der politischen Verhältnisse. So hatte die Einführung der Preß-, Vereins- und Versammlungsfreiheit (Art. 10, 11 und 14 der Verfassung von 1864) das Außerkrafttreten einiger Vorschriften des Strafgesetzbuchs zur Folge und wurde durch Art. 18 der Verfassung von 1864 die Todesstrafe für politische Verbrechen abgeschafft.

Anderseits wuchs die gemeine Kriminalität und nahm insbesondere das Raubunwesen erschreckend überhand. Der Kampf hiergegen wurde ausschließlich vom Gesichtspunkt der Abschreckung aus geführt. So wurden im Jahre 1867 und 1871 verschiedene strafschärfende Sondergesetze gegen Raub, bzw. bewaffneten Bandenraub erlassen[6]), in denen die Todesstrafe bei Menschenraub zum Zwecke der Erpressung angedroht, eine Belohnung auf den Kopf des Räubers gesetzt und die Deportation seiner Familie durch die Verwaltungsbehörde zugelassen wurde. Einen nennenswerten Erfolg haben diese Maßnahmen nicht gehabt.

---

[5]) Sie ist als solche allerdings niemals angewandt worden.

[6]) Vgl. dazu Venturas: Le brigandage, Paris, 1926 (rechtsvergleichende Abhandlung im Archiv des Institut de Criminologie an der Universität Paris).

Die im letzten Viertel des vorigen Jahrhunderts allgemein einsetzenden Reformbestrebungen riefen in Griechenland zunächst nur Ansätze zu einem Ausbau des Gefängniswesens ins Leben. Seit dem Jahre 1884 wurde durch eine Reihe von Gesetzen versucht, die Organisation und Verwaltung der Gefängnisse neu zu regeln. Im Jahre 1896 erhielt Athen dank privater Initiative ein modernes Jugendgefängnis.

Die griechische Strafrechtswissenschaft, die dem geltenden Recht und den Bedürfnissen der Praxis nur wenig gerecht geworden war, nahm gegen Ende des vorigen Jahrhunderts einen bemerkenswerten Aufschwung. Nach den wertvollen Arbeiten von Kostis, die sich im wesentlichen mit der Auslegung des geltenden Strafgesetzbuchs befassen, beginnt in der Mitte der neunziger Jahre die Wirksamkeit Timoleon Eliopulos'. Er hat als erster in Griechenland die Forderungen der sogenannten modernen Schule — Bekämpfung des Verbrechens durch eine zweckmäßige, der Persönlichkeit des Täters angepaßte Ausgestaltung der Strafe — mit Nachdruck vertreten und ist auf die in der Folgezeit einsetzende Reformbewegung von entscheidendem Einfluß gewesen.

III. Unter dem Eindruck der ständig wachsenden Kriminalität, der Erfolglosigkeit des bisher lediglich im Zeichen der Generalprävention gegen sie geführten Kampfes und der Entwicklung im Ausland gewannen die modernen Anschauungen seit Beginn dieses Jahrhunderts in Griechenland immer mehr an Boden und führten schließlich in der Teilreform des Jahres 1911 zu ihrem ersten gesetzlichen Niederschlag: das Gesetz über die Umwandlung kurzzeitiger Freiheitsstrafen in Geldstrafen eröffnete die Möglichkeit, bei Gefängnis- oder Arreststrafen von 7 Tagen bis zu einem Jahr nach Verbüßung der Hälfte der Strafe auf Antrag des Verurteilten den Strafrest in eine Geldstrafe umzuwandeln. Durch Gesetz vom 6. Juli 1911 wurde das Institut der bedingten Strafaussetzung unter Anlehnung an einen von Eliopulos bereits im Jahre 1902 eingereichten Gesetzesentwurf geschaffen. Endlich wurde durch das Gesetz vom 21. November 1911 der Grund zu einer Neuordnung des Gefängniswesens gelegt[7]).

Noch in demselben Jahre setzte der damalige Justizminister Demetrakopulos eine Kommission[8]) ein mit der Aufgabe, einen Ent-

---

[7]) Weiter ausgebaut durch eine Reihe von Gesetzen und Verordnungen in den Jahren 1914—25. Einen vorläufigen Abschluß bringt die VO. vom 28. September (21. Oktober) 1925. Sie führt u. a. einen Strafvollzug in Stufen insoweit ein, als sie ein Fortschreiten des Gefangenen von strenger Einzelhaft über Gemeinschaftshaft zur Arbeit im Freien ermöglicht. Vgl. Skuriotis, Révue internationale de droit pénal, 1926, p. 139 et s. Kastorkis in Blätter f. Gefängniskunde Bd. 49 S. 49.

[8]) Die gesetzliche Grundlage der Kommissionstätigkeit bilden Gesetze aus den Jahren 1911—1921.

wurf für ein neues Strafgesetzbuch aufzustellen. Die Kommission trat am 17. Dezember 1911 in Athen zusammen. Den Vorsitz führte bis zum Schluß ihrer Arbeiten Prof. T. Eliopulos. Die übrigen Mitglieder[9]) wechselten. Die Beratungen der Kommission zogen sich bis in die jüngste Zeit hin. Inzwischen erging eine Reihe von Sondergesetzen, die den dringendsten Mängeln des geltenden Rechts abhalfen. Hierunter sind als Ausdruck moderner kriminalpolitischer Bestrebungen hervorzuheben: Das Gesetz vom 31. August 1917 über die vorläufige Entlassung und das Gesetz vom 16. Janunar 1919 über Landstreicherei und Bettelei[10]).

Im Jahre 1924 übergab die Kommission den Entwurf eines griechischen Strafgesetzbuchs[11]) nebst Begründung dem Justizminister. Es wurde zunächst nur der im folgenden übersetzte Text des Entwurfs veröffentlicht. Die Begründung befindet sich z. Zt. noch im Druck.

Der Entwurf, der die Reformbestrebungen der letzten Jahrzehnte zum ersten Mal zu einer Gesamtlösung vereinigt, sucht durch eine Verbindung bewährter Sätze des geltenden Rechts mit den modernen kriminalpolitischen Forderungen ein den heutigen Bedürfnissen des griechischen Volkes gerechtwerdendes Strafgesetz zu schaffen. So hat der Entwurf nicht nur nationale Bedeutung für Griechenland, er stellt auch ein wichtiges Glied der allgemeinen in den meisten Kulturstaaten in Fluß befindlichen Reformbewegung dar. Für die deutsche Strafrechtsform ist er deshalb von besonderem Interesse, weil auf seine Abfassung die deutschen Entwürfe VE 1909, KE. 1913 und Entwurf 1919 von maßgebendem Einfluß gewesen sind.

---

[9]) Privatdozent RA. P. Jotopulos (1911/12); RA. A. Michalakopulos, z. Zt. Minister des Auswärtigen (1911/14); RA. P. Tsitseklis, Justizminister a. D. (1912/14); Prof. K. Vassiliu † (1915/19); Richter am Areopag G. Panopulos (seit 1915); Generaladvokat am Areopag A. Romanos (seit 1919).

[10]) Das Gesetz sieht für Landstreicher, die sich aus Arbeitsscheu umhertreiben, und Bettler, die aus Arbeitsscheu und Gewinnsucht betteln, Gefängnisstrafe bis zu 3 bzw. 6 Monaten — anstatt wie bisher Arrest — vor, neben die auf Grund gerichtlicher Entscheidung die Unterbringung in ein Arbeitshaus bis zu drei Jahren treten kann; im übrigen sieht das Gesetz von einer Strafandrohung gegen Bettler und Landstreicher ab und setzt an ihre Stelle die vom Staatsanwalt anzuordnende Unterbringung in ein Asyl bis zu drei Jahren.

[11]) Der allgemeine Teil ist von Prof. Eliopulos, der besondere von Richter am Areopag Panopulos bearbeitet.

Entwurf eines Griechischen Strafgesetzbuches.

Allgemeiner Teil.

Erstes Kapitel.

Zeitliches und räumliches Geltungsgebiet der Strafgesetze.

Artikel 1.

Eine Strafe wird nur wegen solcher Handlungen verhängt, für die sie durch ein Gesetz ausdrücklich vor der Begehung der Handlungen bestimmt war.

Haben von der Zeit der Begehung der Handlung bis zu ihrer Aburteilung mehrere Gesetze gegolten, so ist das Gesetz anzuwenden, das die günstigsten Vorschriften für den Täter enthält.

Wird durch ein jüngeres Gesetz eine Handlung für nicht strafbar erklärt, so fällt die Vollstreckung der verhängten Strafe samt ihren strafrechtlichen Folgen fort.

Artikel 2.

Die Strafgesetzgebung findet auf alle innerhalb des Staatsgebietes begangenen Handlungen, auch wenn sie von Ausländern begangen wurden, Anwendung.

Artikel 3.

Die griechischen Strafgesetze sind auch auf eine im Auslande von einem Inländer begangene und von ihnen als Verbrechen oder Vergehen angesehene Handlung anzuwenden, wenn diese auch durch die Gesetze des Landes, in dem sie begangen wurde, mit Strafe bedroht ist oder wenn sie in einem Gebiete verübt wurde, das keiner Staatsgewalt untersteht.

Die strafrechtliche Verfolgung ist auch gegen einen Ausländer zulässig, der zur Zeit der Begehung der Handlung Inländer war, sowie auch gegen denjenigen, der die griechische Staatsangehörigkeit nach der Begehung der Handlung erlangt hat.

Die griechischen Strafgesetze sind auch auf einen Ausländer anzuwenden wegen einer Handlung, die von ihnen als Verbrechen oder als Vergehen angesehen wird, wenn sie gegen einen griechischen Staatsbürger gerichtet und auch durch die Gesetze des Landes, in dem sie begangen wurde, mit Strafe bedroht ist oder wenn sie in einem Gebiete verübt wurde, das keiner Staatsgewalt untersteht.

Bei Vergehen bedarf es zur Anwendung der in den vorigen Absätzen enthaltenen Vorschriften eines Antrages des Verletzten oder eines Gesuches der Regierung des Landes, in dem das Vergehen verübt wurde.

Die Übertretungen, die im Auslande begangen werden, sind nur dann strafbar, wenn dies durch ein besonderes Gesetz angeordnet ist.

Artikel 4.

Inländer und Ausländer werden nach den griechischen Strafgesetzen unabhängig von den Gesetzen des Tatorts wegen folgender von ihnen im Auslande begangener Handlungen verfolgt:

1. wegen Hochverrats und Landesverrats gegen den Griechischen Staat;
2. wegen Straftaten, die sich auf den Heeresdienst und die Wehrpflicht beziehen;
3. wegen Münzstraftaten;
4. wegen Sklavenhandels oder Menschenhandels zum Zwecke der Unzucht;
5. wegen einer strafbaren Handlung, die sie als Beamte des Griechischen Staates begangen haben;
6. wegen einer Handlung, die sie gegen einen griechischen Beamten während der Ausübung seines Amtes oder in Beziehung auf sein Amt begangen haben;
7. wegen Meineids in einem bei einer griechischen Behörde anhängigen Verfahren.

Artikel 5.

Die strafrechtliche Verfolgung bleibt wegen einer im Auslande begangenen Handlung ausgeschlossen:

1. wenn der Täter, nachdem von den Gerichten des Auslandes über diese Handlung erkannt wurde, entweder freigesprochen worden ist, oder, falls er verurteilt wurde, seine Strafe verbüßt hat;
2. wenn nach dem ausländischen Gesetz die Handlung oder die erkannte Strafe verjährt ist oder erlassen wurde;
3. wenn nach dem ausländischen Gesetz die Handlung nur auf Antrag verfolgt wird und ein solcher Antrag nicht gestellt oder zurückgenommen wurde.

Diese Vorschriften sind auf die in Artikel 4 bezeichneten Handlungen nicht anzuwenden.

Artikel 6.

Wenn jemand in Griechenland wegen einer im Auslande begangenen Handlung verurteilt wird, so ist das Gesetz des Landes, in dem sie begangen, anzuwenden, falls es milder ist. Bei der Bemessung der Strafe ist auf jeden Fall die ausländische Strafe, soweit sie verbüßt wurde, in Anrechnung zu bringen.

Diese Vorschriften sind auf die in Artikel 4 bezeichneten Handlungen nicht anzuwenden.

Artikel 7.

Wenn ein Grieche im Auslande wegen einer Handlung verurteilt wird, die nach den Vorschriften der inländischen Gesetze Nebenstrafen zur Folge hat, so kann ein neues Strafverfahren im Inlande stattfinden, um gegen den in diesem Verfahren für schuldig Erklärten auf obige Strafen zu erkennen.

Artikel 8.

Griechen werden niemals an fremde Staaten ausgeliefert. Wann die Auslieferung fremder Verbrecher stattfindet, bestimmen die internationalen Verträge.

Zweites Kapitel.

Die strafbare Handlung.

I. Begriffsbestimmung und Einteilung der strafbaren Handlungen.

Artikel 9.

Der Ausdruck „Handlung" im Sinne der Strafgesetze umfaßt auch die strafbaren Unterlassungen.

Artikel 10.

Jede Handlung, die mit dem Tode, mit Zuchthaus oder mit Einschließung von mehr als fünf Jahren bestraft wird, ist ein Verbrechen. Jede Handlung, die mit Gefängnis oder mit Einschließung von nicht mehr als fünf Jahren oder mit Geldstrafe von mehr als 300 Drachmen bestraft wird, ist ein Vergehen. Jede Handlung, die mit Arrest oder mit Geldstrafe von nicht mehr als 300 Drachmen bestraft wird, ist eine Übertretung.

Im Falle der Verurteilung ist für diese Unterscheidung die erkannte Strafe maßgebend.

II. Schuld.

Artikel 11.

Eine Handlung ist nur dann strafbar, wenn der Täter schuldhaft gehandelt hat. Der Täter handelt schuldhaft, wenn er die Handlung vorsätzlich oder fahrlässig begeht.

Artikel 12.

Vorsätzlich handelt, wer die zum gesetzlichen Tatbestand gehörigen Tatumstände verwirklichen will oder wer die Verwirklichung dieser Tatumstände zwar nur für möglich hält, aber mit ihr einverstanden ist.

Artikel 13.

Fahrlässig handelt, wer infolge Außerachtlassung der Vorsicht, die er den Umständen nach anzuwenden verpflichtet ist, die Möglichkeit des strafbaren Erfolgs seiner Handlung nicht voraussieht oder, obwohl er sie voraussieht, darauf vertraut, der Erfolg werde nicht eintreten.

Artikel 14.

Eine fahrlässig begangene Handlung ist nur in den vom Gesetz besonders bestimmten Fällen strafbar. Übertretungen sind immer strafbar, auch wenn sie nur fahrlässig begangen sind, außer in den Fällen, in denen das Gesetz ausdrücklich einen Vorsatz verlangt.

Artikel 15.

In den Fällen, in denen das Gesetz eine Handlung mit einer schwereren Strafe bedroht, falls ein bestimmter Erfolg eintritt, ist diese Strafe nur dann verwirkt, wenn der Täter diesen Erfolg wenigstens als möglich voraussehen konnte.

III. Versuch.

Artikel 16.

Wer entschlossen, ein Verbrechen oder Vergehen zu begehen, mit der Ausführung desselben begonnen hat, wird, wenn dieses Verbrechen oder Vergehen nicht zur Vollendung gekommen ist, wegen Versuchs bestraft.

Artikel 17.

Der Versuch ist milder zu bestrafen als die vollendete Straftat.

An Stelle der nach dem Gesetz auf das vollendete Verbrechen anzuwendenden Todes- oder lebenslänglichen Zuchthausstrafe ist auf zeitiges Zuchthaus zu erkennen.

In jedem anderen Falle muß die zu verhängende Strafe einerseits um ein Drittel niedriger sein als der Höchstbetrag der für die vollendete Handlung angedrohten Strafe, anderseits kann sie bis auf ein Viertel des Mindestbetrages ermäßigt und hierbei die Zuchthaus- in eine Gefängnisstrafe verwandelt werden.

Artikel 18.

Wer die Begehung eines Verbrechens oder Vergehens mit Mitteln, die hierzu absolut untauglich sind, oder an einem Gegenstand unternimmt, an dem die Vollendung absolut unmöglich ist, ist milder zu bestrafen, als es in dem vorigen Artikel vorgesehen ist.

Es kann hierbei die Strafe des Versuchs ohne Rücksicht auf die für die vollendete Handlung angedrohte Strafe bis zu dem Mindestbetrag der Gefängnisstrafe herabgesetzt werden; sie darf jedoch deren Höchstbetrag nicht übersteigen.

Wer aus Einfalt einen solchen untauglichen Versuch unternimmt, ist nicht strafbar.

Artikel 19.

Der Versuch bleibt straflos, wenn der Täter:

1. mit der Ausführung der auf die Vollendung eines Verbrechens oder Vergehens gerichteten Tätigkeit begonnen, dieselbe aber aus eigenem Willen und nicht wegen äußerer Hindernisse aufgegeben hat;
2. seine Tätigkeit zu Ende geführt, den Eintritt des zur Vollendung des Verbrechens oder Vergehens erforderlichen Erfolgs aber aus eigenem Willen verhindert hat.

IV. Teilnahme.

Artikel 20.

Wenn mehrere eine strafbare Handlung gemeinschaftlich ausführen, so wird jeder von ihnen als Täter bestraft.

Artikel 21.

Als Täter wird gleichfalls bestraft:

1. wer vorsätzlich in dem Täter den Entschluß zur Ausführung der von diesem begangenen Handlung hervorruft und
2. wer vorsätzlich dem Täter eine unmittelbare Beihilfe bei Begehung der Tat oder bei der Ausführung der Haupthandlung gewährt hat.

Artikel 22.

Als Gehilfe wird bestraft, wer außer dem Fall des vorigen Artikels vorsätzlich dem Täter irgendeine Unterstützung vor oder bei der Begehung des Verbrechens oder Vergehens gewährt hat.

Die Strafe des Gehilfen ist auf Grund derjenigen des Täters so festzusetzen, daß sie in demselben Maße vermindert wird, wie die Strafe des Versuchs im Verhältnis zu der der vollendeten Tat (Artikel 17).

Die Beihilfe bei Übertretungen ist nur in den vom Gesetz ausdrücklich bestimmten Fällen strafbar.

Artikel 23.

Persönliche Eigenschaften, Verhältnisse oder andere Umstände, welche die Strafbarkeit erhöhen, vermindern oder die Strafbarkeit oder die Zurechnung ausschließen, sind nur bei demjenigen der Teilnehmer in Betracht zu ziehen, bei dem sie vorliegen.

Drittes Kapitel.

Strafen. Sichernde Maßnahmen. Schadensersatz.

I. Strafen.

Artikel 24.

Die Todesstrafe ist durch das Fallbeil in umschlossenem Raume zu vollziehen.

Artikel 25.

Die Zuchthausstrafe ist eine lebenslängliche oder eine zeitige. Sie wird in ausschließlich dazu bestimmten Anstalten vollzogen, die Zuchthäuser heißen.

Die Dauer der zeitigen Zuchthausstrafe kann zwanzig Jahre nicht übersteigen, noch darf sie weniger als fünf Jahre betragen.

Wo das Gesetz nicht ausdrücklich die angedrohte Zuchthausstrafe als eine lebenslängliche bestimmt, ist sie eine zeitige.

Artikel 26.

Die Gefängnisstrafe kann fünf Jahre nicht übersteigen, noch darf sie weniger als drei Tage betragen.

Artikel 27.

Die Dauer der Einschließung kann zwanzig Jahre nicht übersteigen, noch darf sie weniger als drei Tage betragen. Sie wird in besonderen Anstalten und im Falle eines Mangels an solchen in besonderen Abteilungen der Gefängnisse vollstreckt, in der Weise, daß die zu dieser Strafe Verurteilten nicht mit den Gefängnisgefangenen verkehren.

Artikel 28.

Der Mindestbetrag der Arreststrafe ist ein Tag, ihr Höchstbetrag ein Monat, wenn es das Gesetz nicht durch besondere Vorschriften anders bestimmt. Sie ist aber in den für die Einschließungsstrafe bestimmten Anstalten oder Abteilungen der Gefängnisse zu vollziehen.

Artikel 29.

Bei zeitigen Freiheitsstrafen wird der Tag zu vierundzwanzig Stunden, die Woche zu sieben Tagen, der Monat und das Jahr nach der im Gebrauche befindlichen Kalenderzeit berechnet. Die Zeitdauer der Strafe ist immer nach vollen Tagen, Wochen, Monaten und Jahren zu bemessen.

Artikel 30.

Die Zuchthausstrafe ist im Anfange in Einzelhaft während einer Dauer von mindestens sechs Monaten und höchstens drei Jahren zu vollziehen, wobei die Länge der Einzelhaft von dem Gericht im Verhältnis zu der Dauer der erkannten Strafe, dem Vorleben und dem Charakter des Verurteilten bestimmt wird. Die vom Gerichte bestimmte Dauer der Einzelhaft kann von der zuständigen Behörde der Strafanstalt wegen hinreichender auf das Betragen des Verurteilten sich beziehender Gründe bis zu ihrem Höchstbetrag verlängert oder bis zu ihrem Mindestbetrag verkürzt werden.

Die Einzelhaft wird durch Beschluß derselben Behörde abgekürzt oder aufgehoben, wenn durch eine ärztliche Untersuchung hinreichend festgestellt wurde, daß ihre Fortsetzung eine sichere Gefahr für die körperliche oder geistige Gesundheit des Verurteilten bildet.

Artikel 31.

Nach Ablauf der Einzelhaft sind die Gefangenen am Tage bei gemeinsamer Arbeit zusammen, werden aber bei Nacht voneinander abgesondert, zu lebenslänglichem Zuchthaus Verurteilte und Rückfällige unter Trennung von den übrigen in eine eigene Klasse, auf die besondere Vorschriften anzuwenden sind.

In diesem Stadium gestaltet sich der Vollzug der Strafe fortschreitend milder, besonders in betreff des Verkehrs mit der Außenwelt, der Arbeit und der übrigen Lebensweise. Der Verurteilte wird von der niedrigeren in die höhere Stufe befördert auf Grund des bei der Arbeit gezeigten Fleißes und seines guten Betragens, er kehrt jedoch im Falle schlechten Betragens in die niedrigere Stufe wieder zurück und wird, wenn notwendig, in die Einzelhaft zurückversetzt, soweit er nicht in derselben drei volle Jahre verbracht hat. Über alle diese Fragen entscheidet die zuständige Behörde der Strafanstalt.

Die genaue Unterscheidung der verschiedenen Stufen des Vollzugs, sowie die Art der Kontrolle über den Fleiß und das Betragen des Verurteilten werden durch das besondere Vollzugsgesetz und die diesbezügliche Vorschrift bestimmt werden.

Artikel 32.

Die Gefängnisstrafe, deren Dauer drei Monate nicht übersteigt, wird in Einzelhaft verbüßt, andernfalls bestimmt das Gericht die Zeitdauer der Einzelhaft in der Weise, daß der gleiche Höchstbetrag wie in Artikel 30 und die übrigen darauf bezüglichen Vorschriften dieses Artikels zur Anwendung kommen.

Nach Ablauf der Einzelhaft leben die Gefangenen am Tage im gemeinsamen Verkehr zusammen, werden jedoch bei Nacht voneinander abgesondert, Rückfällige unter Trennung von den übrigen.

Die Vorschrift des Abs. 2 des vorigen Artikels über die Zurückversetzung in die Einzelhaft ist auch auf die Gefängnisstrafe anwendbar.

Artikel 33.

Diejenigen, die eine Zuchthausstrafe verbüßen, werden streng angehalten, die in der Anstalt eingeführten Arbeiten zu verrichten, wobei, soweit möglich, auf ihren früheren Beruf oder den Beruf, dem sie sich künftig widmen werden, Rücksicht zu nehmen ist; wenn sie sich aber im Stadium der Gemeinschaftshaft befinden, können sie auch zu öffentlichen Arbeiten außerhalb der Anstalt unter Berücksichtigung ihrer Gesundheitsverhältnisse und ihrer körperlichen Fähigkeiten verwendet werden.

Diejenigen aber, die eine Gefängnisstrafe verbüßen, sind in gelinderem Maße zur Arbeit anzuhalten, die, soweit möglich, mit ihrer Bildung und mit ihrem Beruf, den sie ausübten oder dem sie sich nach ihrer Entlassung widmen wollen, im Einklang steht.

Zu Arbeiten außerhalb der Anstalt dürfen sie ohne ihre Zustimmung nicht verwendet werden.

Artikel 34.

Die Einschließungsstrafe wird von den Verurteilten am Tage gemeinschaftlich unter Trennung während der Nacht verbüßt.

Die Verurteilten können sich mit ihren eigenen Arbeiten beschäftigen, sofern ihre Verrichtung in der Anstalt möglich ist. Sofern dies nicht geschieht, sind sie zu einer Arbeit anzuhalten, die, soweit möglich, ihrer Bildung, ihrem gesellschaftlichen Stande und ihrem Berufe, den sie gewöhnlich ausüben, entspricht.

Artikel 35.

Die Arreststrafe besteht in einer einfachen Freiheitsentziehung, die in der Weise vollstreckt wird, daß die Verurteilten, soweit möglich, sich mit ihren eigenen Arbeiten beschäftigen können.

Artikel 36.

Bei dem Vollzuge obiger Strafen sind die verurteilten Frauen von den Männern, sowie diejenigen, die ihr achtzehntes Lebensjahr noch nicht vollendet haben, von den übrigen zu trennen.

Artikel 37.

Die Art der Vollstreckung obiger Strafen wird noch im einzelnen durch das besondere Gesetz über den Vollzug von Freiheitsstrafen und die diesbezüglichen Verordnungen und Vorschriften geregelt werden.

Artikel 38.

Die zu einer Freiheitsstrafe von über zwei Jahren Verurteilten können, wenn sie zwei Drittel, mindestens aber zwei Jahre und bei lebenslänglichem Zuchthaus zwanzig Jahre verbüßt haben, nach den weiter unten folgenden Vorschriften unter der Bedingung des Widerrufs entlassen werden. Wenn von der Strafe die Zeitdauer der Untersuchungshaft abgerechnet wurde, so gilt als auferlegte die noch zu verbüßende Strafe.

Artikel 39.

Bedingte Entlassung wird nur bewilligt, wenn der Verurteilte sich während der Verbüßung seiner Strafe gut geführt hat, seine gerichtlich festgesetzten Verpflichtungen dem Verletzten gegenüber, soweit er dazu imstande war, erfüllt hat und wenn aus der Untersuchung seiner Vergangenheit, sowie seiner persönlichen und gesellschaftlichen Verhältnisse und der auf Grund derer gemachten Feststellung über seinen Charakter er die Hoffnung, ein ehrliches Leben in Zukunft zu führen, gewährt.

Dem zu Entlassenden können bestimmte Verpflichtungen betreffs seiner Lebensweise und insbesondere seines Aufenthaltsorts auferlegt werden.

Artikel 40.

Die Entlassung wird widerrufen, wenn der Entlassene sich schlecht führt oder sich den ihm bei der Entlassung auferlegten Verpflichtungen nicht fügt.

Im Falle des Widerrufs wird die seit der Entlassung bis zur Wiederfestnahme verflossene Zeit auf die Strafdauer nicht angerechnet.

Artikel 41.

Sind seit der Entlassung zwei Jahre oder ist der Zeitraum des noch zu verbüßenden Strafrestes, wenn dieser länger als zwei Jahre beträgt, verstrichen, ohne daß ein Widerruf erfolgt, so gilt die Strafe als verbüßt. Die lebenslängliche Zuchthausstrafe gilt als verbüßt, wenn seit der Entlassung fünf Jahre vergangen sind, ohne daß ein Widerruf erfolgt ist.

Artikel 42.

Über die Bewilligung und den Widerruf der bedingten Entlassung entscheidet der höhere Gefängnisrat, der durch ein besonderes Gesetz organisiert wird und im Justizministerium seinen Sitz hat.

Die bedingte Entlassung wird nur dann bewilligt, wenn ein solcher Antrag von der zuständigen Behörde der Strafanstalt gemäß den in Artikel 39 enthaltenen Vorschriften mit hinreichender Begründung gestellt worden ist.

Über den Widerruf entscheidet der höhere Rat auf Antrag der den bedingt Entlassenen beaufsichtigenden Behörden; diese Aufsicht wird in dem besonderen Gesetz über die Gefängnisse geregelt.

Sie kann auch einem Schutzverein für Gefangene übertragen werden.

In Fällen dringender Not, um einer Gefahr für die öffentliche Ordnung vorzubeugen, kann die Polizeibehörde des Aufenthaltsorts des Entlassenen seine vorläufige Festnahme anordnen, nach welcher im gesetzlichen Wege die Entscheidung über den Widerruf unverzüglich zu veranlassen ist. Im Falle eines endgültigen Widerrufs gilt dieser am Tage der Festnahme als erfolgt.

Artikel 43.

Der Mindestbetrag der Geldstrafe beträgt bei Verbrechen und Vergehen fünfzehn Drachmen und bei Übertretungen eine Drachme.

Bei Bemessung dieser Strafe sind auch die wirtschaftlichen Verhältnisse des Verurteilten zu berücksichtigen.

Artikel 44.

Das Gericht kann dem Verurteilten zur Zahlung der Geldstrafe eine Frist bis zu drei Monaten bewilligen, sowie auch ihm gestatten, die Strafe in bestimmten Teilbeträgen binnen eines Jahres seit Rechtskraft des Urteils zu zahlen.

Auch durch eine spätere Entscheidung des Gerichts können dem Verurteilten auf seinen Antrag diese Erleichterungen gewährt oder ihre Bedingungen zu seinen Gunsten geändert werden.

Artikel 45.

Dem Verurteilten kann ebenfalls gestattet werden, die ihm auferlegte Strafe durch freie Arbeit, die er zum Nutzen des Staates oder einer bestimmten Gemeinde verrichtet, zu tilgen, sofern sich eine Gelegenheit zu solchen Arbeiten bietet, die der Verurteilte ausführen kann.

Die weitere Regelung der Arbeitsart und der Anrechnung ihres Wertes auf die Geldstrafe wird durch eine Verordnung bestimmt.

Artikel 46.

Wenn die Geldstrafe nach einer der in den Artikeln 44 und 45 bezeichneten Arten nicht getilgt wird, so erfolgt Zwangsvollstreckung in das Vermögen des Verurteilten, soweit sie möglich ist.

Artikel 47.

Die uneinbringliche Geldstrafe ist in Einschließung oder, wenn sie für eine Übertretung verhängt wurde, in Arrest umzuwandeln, es sei denn, daß auf dieselbe neben einer Freiheitsstrafe erkannt wurde, in welchem Falle sie dann in diese umgewandelt wird.

Die Umwandlung geschieht derart, daß bei Verbrechen und Vergehen der Betrag von fünf bis dreißig Drachmen, bei Übertretungen jedoch der Betrag von einer bis zu dreißig Drachmen auf einen Tag Freiheitsstrafe angerechnet werden.

Diese Strafe darf ein Jahr und bei Übertretungen drei Monate nicht übersteigen, sie kann aber niemals höher sein, als die im Gesetz für die abgeurteilte Handlung wahlweise neben der Geldstrafe angedrohte Freiheitsstrafe.

Der Verurteilte kann durch Erlegung der Geldstrafe, soweit diese durch die zu ihrem Ersatz verhängte Strafe noch nicht getilgt wurde, sich von derselben freimachen.

Artikel 48.

Das Gericht kann, wenn es auf eine Geldstrafe erkennt, die 300 Drachmen nicht übersteigt, den Verurteilten zu ihrer unmittelbaren Erlegung zwingen, indem es in derselben Entscheidung auch die Umwandlung in eine Freiheitsstrafe für den Fall, daß eine solche Erlegung nicht stattfinden würde, vornimmt.

Artikel 49.

Die Geldstrafe ist gegen die Erben des Verurteilten nicht vollstreckbar.

Artikel 50.

Die Verurteilung zur Todes- oder lebenslänglichen Zuchthausstrafe hat die dauernde Entziehung der bürgerlichen Rechte des Verurteilten von Rechts wegen zur Folge. Bei Verurteilung zur zeitigen Zuchthausstrafe ist auf zeitige Entziehung der bürgerlichen Rechte zu erkennen.

Ebenso ist neben der Gefängnisstrafe zu erkennen, es sei denn, daß es sich um besonders im Gesetz bestimmte Fälle handelt, wenn dieselbe mindestens ein Jahr beträgt und wenn die vorsätzlich begangene Handlung, wegen der auf sie erkannt wurde, ihrer Natur und den Umständen nach, unter denen sie begangen wurde, einen entehrenden Schimpf für den Täter bedeutet.

Artikel 51.

Die Dauer der zeitigen Entziehung der bürgerlichen Rechte ist in der Entscheidung bei Zuchthausstrafe auf zwei bis zehn Jahre, bei Gefängnisstrafe jedoch auf ein bis fünf Jahre festzusetzen.

Artikel 52.

Die Entziehung der bürgerlichen Rechte hat zur Folge:

a) den endgültigen Verlust der aus öffentlichen Wahlen zugunsten des Verurteilten erworbenen Rechte, der von ihm bekleideten Staats- oder Gemeindeämter, des Amtes eines Offiziers oder Unteroffiziers im Heere, der Eigenschaft eines Rechtsanwalts, sowie der Ehrenämter und der Orden und Ehrenzeichen;

b) die Unfähigkeit zur Erlangung derselben, und zwar im Falle des Abs. 1 des Artikels 50 dauernd und im Falle des Abs. 2 des Artikels 50 während der in der Entscheidung bestimmten Zeit, und ferner die Unfähigkeit nach derselben Unterscheidung:

1. in staatlichen oder Gemeindewahlen zu wählen oder in denselben gewählt zu werden;
2. Mitglied eines Schwurgerichtes zu sein und zum Sachverständigen in Straf- oder Zivilsachen ernannt zu werden.

Artikel 53.

Das Gericht kann neben der Gefängnisstrafe, sofern die Bedingungen des Artikel 50 vorliegen, auf eine teilweise Entziehung der im vorigen Artikel beschriebenen Rechte erkennen, wenn aus der Art der Handlung und den sonstigen Umständen die Befürchtung eines Mißbrauchs der übrigen bei Bestand gebliebenen Rechte ausgeschlossen ist.

Artikel 54.

Die Wirkung der teilweisen oder völligen Entziehung der bürgerlichen Rechte tritt zugleich mit der Rechtskraft des Urteils ein. Ihre Dauer aber wird von dem Tage berechnet, der dem Tage der Verbüßung, Verjährung oder des Erlasses durch Begnadigung der Freiheitsstrafe, neben der auf jene Entziehung erkannt wurde, folgt.

Artikel 55.

Ist ein Verbrechen oder Vergehen unter schwerer Verletzung der Pflichten eines Berufes, für dessen Ausübung eine besondere Erlaubnis der Behörde erforderlich ist, die nach Prüfung einer bestimmten wissenschaftlichen oder technischen Fähigkeit gewährt wird, begangen, so kann das Gericht, soweit gegen den Täter eine Freiheitsstrafe von mindestens drei Monaten ausgesprochen wird, die Unfähigkeit zur Ausübung des Berufes auf eine Zeitdauer von einem bis zu fünf Jahren aussprechen. Diese Unfähigkeit hat den endgültigen Widerruf der gewährten Erlaubnis zur Folge.

Die Vorschrift des vorigen Artikels ist auch auf diesen Artikel anwendbar. Während der Dauer der Unfähigkeit ist es für den Verurteilten ausgeschlossen, den Beruf durch eine andere Person zu seinem eigenen Nutzen ausüben zu lassen oder ihn in der Eigenschaft eines Stellvertreters eines anderen auszuüben.

Artikel 56.

Von seiten des Gerichts kann die Bekanntmachung des verurteilenden Erkenntnisses angeordnet werden, wenn im Interesse der Öffentlichkeit dies geboten erscheint.

In den vom Gesetz bestimmten Fällen kann die Bekanntmachung des verurteilenden Erkenntnisses auf Antrag des Verletzten, des freisprechenden jedoch auf Antrag des Freigesprochenen erfolgen, wenn in jedem dieser beiden Fälle der Antragsteller beweisen kann, daß er ein rechtliches Interesse daran hat.

Die Art der Bekanntmachung und die Verpflichtung zur Erlegung der zu diesem Zwecke nötigen Auslagen ist in derselben Entscheidung zu bestimmen.

II. Sichernde Maßnahmen.

Artikel 57.

Wenn nach der Art der verübten Handlung, der Persönlichkeit des Verurteilten und aus den übrigen Umständen das Gericht annimmt, daß sein Aufenthalt an bestimmten Orten mit einer Gefahr für eine bestimmte Person oder für die öffentliche Sicherheit verbunden ist, so kann es, wenn die verhängte Strafe Zuchthaus oder Gefängnis von mindestens einem Jahr ist, bei letzterem aber nur in den vom Gesetz bestimmten Fällen, die Beschränkung des Aufenthalts an den besagten Orten auf die Dauer von höchstens fünf Jahren zulassen; diese Zeit wird von dem Tage an berechnet, an dem die Strafe verbüßt, verjährt oder erlassen ist.

Die Polizeibehörde ist auf Grund dieses Erkenntnisses befugt, nach Anhörung der Gefängnisdirektion dem Verurteilten an allen oder nur an einigen von den Orten, die in dem Erkenntnis bestimmt sind, und während der in demselben festgesetzten Zeit den Aufenthalt zu untersagen.

Artikel 58.

Ist der zur Zuchthaus- oder Gefängnisstrafe von mindestens einem Jahr Verurteilte ein Ausländer, so kann das Gericht außerdem seine Ausweisung aus dem Lande nach seiner endgültigen Entlassung aus der Anstalt anordnen, wenn es glaubt, daß dieser für die inländische Rechtsordnung gefährlich ist.

Die auf diese Weise ausgewiesenen Ausländer können nur nach Verlauf von drei Jahren, und wenn die Rückkehr durch Verfügung des Staatspräsidenten erlaubt ist, zurückkehren.

Artikel 59.

Gegenstände, die durch ein Verbrechen oder durch ein vorsätzliches Vergehen hervorgebracht wurden oder die zur Begehung einer solchen Tat bestimmt waren, können, sofern sie dem Täter oder einem der Teilnehmer gehören, eingezogen werden; bei anderen strafbaren Handlungen kann diese Maßregel nur in den durch das Gesetz besonders bestimmten Fällen getroffen werden.

Die Einziehung ist vom Gericht in dem gleichen Urteil gegen den als Täter oder Teilnehmer Verurteilten auszusprechen.

Wenn durch den Gebrauch obiger Gegenstände die Gefahr einer Begehung oder Wiederholung einer strafbaren Handlung droht, so ist auf Einziehung derselben gegen jeden Besitzer zu erkennen auch, ohne daß eine Verurteilung einer bestimmten Person wegen der Begehung der Handlung erfolgt; die Einziehung wird auch gegen die Erben vollstreckt, wenn die Rechtskraft des Urteils zu Lebzeiten desjenigen, gegen den die Einziehung ausgesprochen wurde, eingetreten ist.

Wenn eine Verurteilung einer bestimmten Person nicht vorhergegangen ist oder wenn die strafrechtliche Verfolgung nicht möglich war, so wird die Einziehung von dem zuständigen Staatsanwalt angeordnet. In jedem Falle einer Einziehung ordnet der zuständige Staatsanwalt an, ob die eingezogenen Gegenstände zu vernichten sind.

Artikel 60.

Wenn die Handlung, wegen der jemand für schuldig erklärt wurde, und wegen der auf eine Gefängnisstrafe von mindestens einem Monat gegen ihn erkannt wurde, seiner Arbeitsscheu oder seinem Hange zu unordentlicher Lebensweise zuzuschreiben ist, so kann das Gericht außer der verhängten Strafe oder, um sie ganz oder teilweise zu ersetzen, solange sie drei Monate nicht übersteigt, seine Überweisung in eine Besserungs- und Arbeitsanstalt auf eine Dauer von sechs Monaten bis zu drei Jahren anordnen, wenn der Verurteilte arbeitsfähig ist und falls diese Maßregel als geeignet erachtet wird, ihn an ein geregeltes und arbeitsames Leben zu gewöhnen.

Wenn sich der Verurteilte nachträglich als nicht arbeitsfähig erweist und wenn seine Überweisung in eine Arbeitsanstalt zum Zwecke des gänzlichen oder teilweisen Ersatzes der Gefängnisstrafe verhängt worden war, so hat das Gericht auf eine Gefängnisstrafe von entsprechender Dauer zu erkennen.

Die in einer Arbeitsanstalt Untergebrachten sind gezwungen, eine Arbeit zu verrichten, die ihren Fähigkeiten entspricht und die ihnen die Mittel zum Unterhalt nach ihrer Befreiung gewähren kann.

Die Organisation der Arbeitsanstalten und die in denselben zu führende Lebensweise der darin Untergebrachten wird durch eine Verordnung geregelt werden.

Artikel 61.

Hat der Verurteilte die Hälfte der festgesetzten Zeit in der Arbeitsanstalt zugebracht und hat er ein gutes Betragen und Arbeitsfleiß gezeigt, so kann er vom zuständigen Staatsanwalt auf Vorschlag der Direktion der Anstalt entlassen werden.

Dem also Entlassenen können bestimmte Verpflichtungen betreffs seiner Lebensweise auferlegt werden. Die Entlassung wird vom Staatsanwalt widerrufen, wenn der Entlassene seine frühere ungeordnete Lebensweise wieder aufnimmt oder sich den auferlegten Verpflichtungen nicht fügt, wobei die seit der Entlassung bis zur Wiederfestnahme verflossene Zeit auf die festgesetzte Dauer der Unterbringung in der Anstalt nicht anzurechnen ist. Diese Dauer ist als verflossen anzusehen, wenn die Zeit, die nach der Entlassung noch übrig bleibt, verstreicht, ohne daß ein Widerruf erfolgt.

III. Schadensersatz.

Artikel 62.

Wenn jemand zu einer Geldstrafe und zugleich zum Schadensersatz an den Verletzten verurteilt wurde, sein Vermögen aber zur Erfüllung dieser beiden Verpflichtungen nicht ausreicht, so ist die Zahlung des Schadensersatzes vorzuziehen und die Vorschriften des Artikel 47 über die uneinbringliche Geldstrafe anzuwenden. Auch wenn die Einziehung nach Artikel 59 auferlegt wurde, ist der Wert der eingezogenen Gegenstände zur Leistung des Schadensersatzes zu verwenden, wenn diese auf andere Art nicht möglich ist.

Alle wegen derselben Tat als Täter oder Teilnehmer Verurteilten sind solidarisch zur Bezahlung des Schadensersatzes verpflichtet.

Viertes Kapitel.

Strafbemessung.

I. Allgemeine Regeln.

Artikel 63.

Bei der Bemessung der Strafe innerhalb der vom Gesetz vorgezeichneten Grenzen soll das Gericht alle Umstände, die dazu beitragen, daß eine größere oder geringere Strafe auferlegt wird, berücksichtigen, insbesondere einesteils den durch die Straftat verursachten Schaden oder die von ihr hervorgerufene Gefahr, andernteils den Grad der in der Handlung sich offenbarenden verbrecherischen Gesinnung des Täters und zur genauen Feststellung dessen die Beweggründe, von denen er ausging, um die Handlung zu begehen, den zur Handlung gegebenen Anlaß, den von ihm verfolgten Zweck, seine persönlichen und wirtschaftlichen Verhältnisse und sein Vorleben, den Grad seiner Entwicklung und sein Betragen nach der Handlung, besonders aber die Reue und die Bereitwilligkeit, die er gezeigt hat, um die Folgen wieder gutzumachen.

Artikel 64.

In den Fällen, in denen das Gesetz die Wahl zwischen Zuchthaus oder Gefängnis und der Einschließung gestattet, wird auf die letztere nur dann erkannt, wenn festgestellt wird, daß die Handlung nicht aus einer ehrlosen Gesinnung entsprungen ist.

Artikel 65.

Von der erkannten Freiheitsstrafe ist nach Bestimmung ihrer Dauer die Zeit, die der Verurteilte in Untersuchungshaft verbracht hat, abzuziehen. Wenn aber auf Geldstrafe erkannt wurde, so wird von dieser eine Summe, die im Verhältnis zu der Zeit der Untersuchungshaft nach den in Artikel 47 Abs. 2 enthaltenen Vorschriften berechnet wird, abgezogen. Entsprechend hat auch die zur Vollstreckung der gerichtlichen Entscheidungen beauftragte Behörde die von der Urteilsfällung bis zum Eintritt der Rechtskraft verflossene Dauer der Untersuchungshaft abzuziehen.

II. Rückfall.

Artikel 66.

Wer wegen eines Verbrechens oder eines vorsätzlichen Vergehens zu einer Freiheitsstrafe verurteilt wurde, und binnen fünf Jahren seit ihrer gänzlichen oder teilweisen Verbüßung ein neues eine Freiheitsstrafe nach sich ziehendes Verbrechen oder vorsätzliches Vergehen begeht, befindet sich im Rückfall.

Artikel 67.

Besteht Rückfall, so wird die in der betreffenden Gesetzesvorschrift für die begangene Handlung bestimmte Strafe verschärft, sie kann sogar das in dieser Gesetzesvorschrift festgesetzte Höchstmaß übersteigen, indem sie das zulässige Höchstmaß der aufzuerlegenden Strafart erreicht. Wenn die Freiheitsstrafe im Gesetz wahlweise neben einer Geldstrafe angedroht ist, so wird immer nur auf die erstere unter der in den obigen Vorschriften beschriebenen Verschärfung erkannt.

Im dritten und jeden weiteren Rückfall ist, wenn die Handlung ein mit einer Gefängnisstrafe von über sechs Monaten bedrohtes Vergehen ist, auf Zuchthaus bis zu zehn Jahren zu erkennen.

Ist die Handlung ein Verbrechen, so wird niemals auf Einschließung erkannt.

Artikel 68.

Begeht jemand, obwohl er zu wiederholten Malen, mindestens aber fünfmal, wegen Verbrechen oder vorsätzlicher Vergehen mit Freiheitsstrafen, deren wenigstens eine Zuchthaus war, bestraft wurde, ein neues Verbrechen oder vorsätzliches Vergehen, das in Verbindung mit den Vorstrafen ihn als gewohnheits- oder gewerbsmäßigen Verbrecher darstellt, so kann das Gericht außer der erkannten Strafe anordnen, daß der Verurteilte nach ihrer Verbüßung in einer dazu bestimmten Anstalt oder in einer besonderen Abteilung der Gefängnisse verwahrt wird.

Im Auslande verhängte oder verbüßte Freiheitsstrafen sind bei Anwendung obiger Maßregel in Betracht zu ziehen; es wird dabei der Zuchthausstrafe diejenige in der fremden Gesetzgebung bestehende Freiheitsstrafe gleichgeachtet, die ihrem Inhalte nach der Zuchthausstrafe am meisten entspricht. Doch muß ihre Dauer mindestens ein Jahr betragen.

Artikel 69.

Die Dauer der im obigen Artikel Abs. 1 bestimmten Sicherungsverwahrung wird in der Entscheidung nicht bestimmt, doch darf sie nicht weniger als drei Jahre betragen. Nach Ablauf dieser Frist kann der Verwahrte auf seinen Antrag hin oder von Amts wegen entlassen werden, wenn er während der Dauer der Verwahrung ein gutes Betragen gezeigt hat, das die Hoffnung rechtfertigt, er werde eine neue Straftat nicht begehen.

Über die Entlassung entscheidet die zuständige Staatsanwaltschaft auf Antrag der Direktion der Anstalt. Gegen die Entscheidung des Staatsanwalts ist dem Verwahrten die Beschwerde an den höheren Gefängnisrat gestattet (Artikel 42).

Die Entlassung ist immer bedingt, da sie nach den in Artikel 40 Abs. 1 bestimmten Bedingungen widerrufen werden kann; sie wird aber endgültig, wenn binnen fünf Jahren ein Widerruf nicht erfolgt; auf diesen finden die Vorschriften des Artikels 42 Abs. 3, 4 und 5 Anwendung.

Die Organisation der für die Sicherungsverwahrung bestimmten Anstalten wird durch das besondere Gesetz über den Vollzug von Freiheitsstrafen und die diesbezüglichen Verordnungen und Vorschriften geregelt werden (Artikel 37).

III. Konkurrenz.

Artikel 70.

Gegen denjenigen, der durch eine oder mehrere Handlungen mehrere Straftaten begangen hat, die im Gesetz mit zeitigen Freiheitsstrafen derselben Strafart bedroht werden, ist nach der Bemessung im einzelnen auf eine Gesamtstrafe zu erkennen, welche durch Erhöhung der schwersten der verwirkten Einzelstrafen zu bilden ist. Sind jedoch die verwirkten Einzelstrafen von gleicher Dauer, so besteht die Gesamtstrafe in der Erhöhung einer derselben. Die Erhöhung darf nicht weniger betragen als das Viertel der Zusatzstrafe oder, wenn mehr als zwei Einzelstrafen verwirkt sind, nicht weniger als das Viertel der Summe der über die erste Strafe hinaus verwirkten. Auf jeden Fall aber darf die Gesamtstrafe die Summe der zusammentreffenden Strafen nicht erreichen, noch darf sie fünfundzwanzig Jahre bei Zuchthaus- und Einschließungsstrafe, fünfzehn Jahre bei der Gefängnis- und sechs Monate bei der Arreststrafe übersteigen.

Wenn mehrere Freiheitsstrafen verschiedener Art zusammentreffen, so besteht die zu verhängende Gesamtstrafe aus der ihrer Art nach schwersten Strafe, die nach dem im vorigen Absatze beschriebenen Maße zu erhöhen ist. Wenn aber der Art nach schwerere Strafen von gleicher Dauer zusammentreffen, dann ist die eine von ihnen nach demselben Maße zu erhöhen.

Artikel 71.

Auf Nebenstrafen (Artikel 50, 52, 53, 55) und sichernde Maßnahmen (Artikel 57, 58, 59 und 60) muß oder kann neben der Gesamtstrafe erkannt werden, wenn und insoweit dies vom Gesetz für eine der zusammentreffenden Straftaten bestimmt ist.

Artikel 72.

Wenn mehrere Geldstrafen zusammentreffen, so besteht die zu verhängende Gesamtstrafe aus der schwersten dieser Strafen derart, daß sie in einer den wirtschaftlichen Verhältnissen des Verurteilten angemessenen Weise erhöht wird, sie darf jedoch die Summe der verwirkten Einzelstrafen nicht übersteigen. Treffen aber mehrere Strafen gleichen Betrages zusammen, so ist die Gesamtstrafe auf die oben beschriebene Weise durch Erhöhung zu bilden.

Bei der Umwandlung einer Gesamtgeldstrafe wegen Uneinbringlichkeit darf die sie ersetzende Freiheitsstrafe nach den in Artikel 47 enthaltenen Vorschriften zwei Jahre und im Falle einer Konkurrenz von Übertretungen sechs Monate nicht übersteigen.

Artikel 73.

Können mehrere von derselben Person verübte Handlungen als eine Fortsetzung einer und derselben Straftat angesehen werden, so ist auf eine Strafe zu erkennen, bei deren Bemessung die Gesamtheit der Teilhandlungen in Betracht zu ziehen ist.

Artikel 74.

Die Vorschriften der Artikel 70 und 72 finden auch in den Fällen Anwendung, in denen jemand, bevor die gegen ihn wegen einer strafbaren Handlung verhängte Strafe verjährt oder vollständig verbüßt oder erlassen ist, wegen einer anderen strafbaren Handlung verurteilt wird.

IV. Bedingte Aussetzung der Strafvollstreckung.

Artikel 75.

Wird jemand, der bisher zu einer Freiheitsstrafe wegen eines Verbrechens oder vorsätzlichen Vergehens rechtskräftig nicht verurteilt war, zu einer solchen sechs Monate nicht übersteigenden Strafe verurteilt, so kann das Gericht in seinem Urteil anordnen, daß die Vollstreckung der erkannten Strafe auf eine bestimmte Zeit, die nicht weniger als drei und nicht mehr als fünf Jahre beträgt, ausgesetzt werde.

Artikel 76.

Die Aussetzung der Vollstreckung kann gewährt werden, wenn aus der Untersuchung der Umstände, unter denen die Handlung begangen wurde, insbesondere aber aus den Beweggründen zu derselben, dem Vorleben und aus dem Charakter des Verurteilten das Gericht schließt, daß die Vollziehung der Strafe nicht nötig ist, um diesen von der Begehung anderer strafbarer Handlungen abzuhalten. Bei dieser Feststellung soll das Gericht auch das Betragen des Täters nach der Handlung, insbesondere jedoch die bewiesene Reue und den Wunsch, den durch die Handlung angerichteten Schaden, soweit es ihm möglich war, wieder gutzumachen, in Betracht ziehen.

Die die Aussetzung der Vollstreckung rechtfertigenden Gründe müssen im Urteil enthalten sein.

Stellt sich jedoch nach der Gewährung der Aussetzung innerhalb ihrer Dauer heraus, daß derjenige, dem sie gewährt wurde, schon früher zu einer Freiheitsstrafe wegen einer der im Artikel 75 bezeichneten Handlungen verurteilt worden ist, so hat das Gericht auf Antrag des Staatsanwalts die gewährte Aussetzung für nichtig zu erklären.

Artikel 77.

Wird der Verurteilte während der Strafaussetzung wegen eines Verbrechens oder vorsätzlichen Vergehens von neuem zu einer Freiheitsstrafe verurteilt, so ist die Strafaussetzung zugleich mit der Rechtskraft der neuen Verurteilung aufgehoben und die durch diese verhängte Strafe wird anschließend an die ausgesetzte vollstreckt, es sei denn, daß wegen der leichten Natur des Vergehens, wegen dessen die neue Verurteilung erfolgte, und wegen der auf das Vergehen verhängten Strafe das Gericht ausdrücklich in demselben Urteil anordnet, daß die Strafaussetzung nicht aufzuheben ist.

Findet die neue Verurteilung wegen einer anderen strafbaren Handlung als den oben bestimmten statt oder wird durch sie eine Geldstrafe verhängt, so hat das diese Verurteilung aussprechende Gericht unter Berücksichtigung der Natur der Handlung und der Umstände, unter denen sie begangen wurde, zugleich über die Aufhebung der Aussetzung zu entscheiden.

Wird während der Zeit der Aussetzung mit einer Strafverfolgung begonnen oder hat der Verurteilte eine neue strafbare Handlung begangen, wegen der eine Verfolgung nach Ablauf der Zeit der Aussetzung, jedoch vor Ablauf von drei Monaten seit dieser Zeit einsetzte, so wird die erfolgte Verurteilung angesehen, als hätte sie während der Aussetzung stattgefunden.

Wird die Aussetzung nach obigen Vorschriften nicht aufgehoben, so ist die ausgesetzte Strafe als erlassen zu betrachten.

Artikel 78.

Ist die in den Artikeln 75 und 77 Abs. 1, 2 und 3 bestimmte Verurteilung durch Urteil eines ausländischen Gerichts erfolgt, so ist ihre Wirksamkeit betreffs der Gewährung oder des Widerrufs der Aussetzung auf jeden Fall vom Gericht zu beurteilen.

Artikel 79.

Die Vorschriften der Artikel 75 bis 78 finden auch bei Freiheitsstrafen Anwendung, die zum Ersatz nicht bezahlter Geldstrafen verhängt wurden (Artikel 47), indem das Gericht die Strafaussetzung in der Entscheidung gewährt, in der es sich über den Ersatz der Geldstrafe durch eine Freiheitsstrafe ausspricht.

Artikel 80.

Die Strafaussetzung macht den Verurteilten von der Zahlung der Gerichtskosten und des zivilrechtlichen Schadensersatzes nicht frei.

Die der Strafe folgenden Entziehungen von Rechten und die Unfähigkeiten werden mit der Hauptstrafe aufgeschoben und mit ihr erlassen.

Fünftes Kapitel.

Strafausschließungs- und Milderungsgründe.

I. Gründe, welche die Zurechnung ausschließen.

Artikel 81.

Die Handlung wird demjenigen, der sie begangen hat, nicht zugerechnet und er bleibt straflos, wenn er zur Zeit ihrer Begehung wegen krankhafter Störung der geistigen Tätigkeiten oder Bewußtseinsstörung nicht die Fähigkeit besaß, die Strafbarkeit seiner Handlung einzusehen oder einen seiner Einsicht gemäßen Entschluß zu fassen.

Artikel 82.

Die Zurechnung einer Handlung ist nicht ausgeschlossen, wenn der Täter sie in einem normalen Seelenzustande beschlossen, sich aber, um sie auszuführen, in den Zustand der Bewußtseinstörung versetzt hatte.

Wenn die in einem solchen Zustande verübte Handlung eine andere ist als die beschlossene, so wird der Täter nach den Vorschriften des Artikels 83 bestraft.

Die begangene Handlung wird dem Täter als Fahrlässigkeit zugerechnet, wenn dieser vorausgesehen hatte oder voraussehen konnte, daß er, wenn er sich in einen Zustand der Bewußtseinsstörung versetzte, sie begehen könne.

Artikel 83.

War aus einem der in Artikel 81 erwähnten Seelenzustände die nach demselben Artikel zur Zurechenbarkeit der Handlung erforderliche Fähigkeit zwar nicht ganz ausgeschlossen, jedoch wesentlich vermindert, so ist die zu verhängende Strafe nach den Vorschriften über den Versuch zu ermäßigen (Artikel 17).

Diese Vorschrift findet auf die schuldhaft verursachte Trunkenheit keine Anwendung.

Artikel 84.

Wird jemand kraft des Artikels 81 freigesprochen oder außer Verfolgung gesetzt oder kraft des Artikels 83 zu einer leichteren Strafe verurteilt, so kann das Gericht seine Verwahrung in einer (öffentlichen) Heil- oder Pflegeanstalt anordnen, wenn es die öffentliche Sicherheit erfordert.

In dem Falle des Artikels 83 erfolgt die Verwahrung nach Verbüßung der erkannten Freiheitsstrafe.

Für die Vollstreckung der im Urteil bestimmten Verwahrung sorgt die Staatsanwaltschaft. Sie entscheidet auch über die Dauer der Verwahrung und über die Entlassung. Gegen die Entscheidung ist jedoch die Beschwerde an das Gericht gestattet. Die Einzelheiten der Vollstreckung der Vorschriften dieses Artikels werden durch eine Verordnung geregelt.

Artikel 85.

Die von einem Kinde, das sein zwölftes Lebensjahr nicht vollendet hat, begangene Handlung wird ihm nicht zugerechnet und es bleibt straflos.

Wenn aber die Staatsanwaltschaft es für nötig erachtet, kann sie seine Unterbringung in eine besondere staatlich beaufsichtigte Erziehungsanstalt anordnen.

Artikel 86.

Hat der Täter zur Zeit der Begehung der Handlung das zwölfte, aber nicht das sechzehnte Lebensjahr vollendet, so bleibt er straflos, wenn das Gericht erachtet, daß er nicht die Fähigkeit besaß, das Unrecht seiner Handlung einzusehen oder einen seiner Einsicht gemäßen Entschluß zu fassen.

Andernfalls ist die zu verhängende Strafe nach den Vorschriften über den Versuch zu bemessen (Artikel 17). Ist die danach zu verhängende Strafe zeitiges Zuchthaus, so ist an ihrer Stelle auf Gefängnis von gleicher Dauer zu erkennen.

Die nach obigen Vorschriften gegen jugendliche Verbrecher verhängten Freiheitsstrafen werden in besonderen Anstalten oder Abteilungen der Gefängnisse vollstreckt, sie haben jedoch in keinem Falle den Verlust der bürgerlichen Rechte oder die Überweisung in ein Arbeitshaus zur Folge.

Artikel 87.

Ist nach dem Erachten des Gerichts die Tat des kraft Artikels 86 Abs. 1 Freigesprochenen oder des kraft des Abs. 2 desselben Artikels für strafbar Befundenen eine Folge schlechter häuslicher Erziehung, so kann es seine Unterbringung in eine staatlich beaufsichtigte Erziehungsanstalt anordnen, indem es die Dauer des Verbleibs in derselben festsetzt; diese Dauer kann sich nicht über die Vollendung des zwanzigsten Lebensjahres hinaus erstrecken.

In den Fällen des Abs. 2 des Artikel 86 findet die Vollstreckung obiger Maßregel nach Verbüßung der verhängten Freiheitsstrafe statt, doch kann das Gericht, falls es die Überweisung des Täters in eine Erziehungsanstalt anordnet, diesen von der Strafe lossprechen, wenn dieselbe drei Monate nicht übersteigt.

Die Ausführung der Vorschriften über die Unterbringung in eine Erziehungsanstalt, sowie auch der Betrieb dieser Anstalten wird durch eine Verordnung geregelt.

Artikel 88.

Die von einem Taubstummen verübte Handlung wird ihm nicht zugerechnet und er bleibt straflos, wenn angenommen wurde, daß er die erforderliche geistige Fähigkeit nicht besaß, um das Unrecht seiner Handlung einzusehen und seiner Einsicht gemäß zu handeln.

Andernfalls wird er nach den in Artikel 86 Abs. 2 enthaltenen Vorschriften bestraft.

Artikel 89.

Die strafbare Handlung wird demjenigen, der sie verübt hat, nicht zugerechnet, wenn er zur Zeit der Begehung die zum gesetzlichen Tatbestand gehörigen Tatumstände nicht kannte.

Gleichfalls sind ihm die nach dem Gesetz die Strafbarkeit der Tat erhöhenden Umstände nicht zuzurechnen, wenn er sie nicht kannte.

Bei den fahrlässig begangenen Straftaten finden obige Vorschriften nur Anwendung, sofern die Unkenntnis nicht der Fahrlässigkeit des Täters zugeschrieben werden kann.

II. Gründe, welche die Rechtswidrigkeit ausschließen.

Artikel 90.

Nicht strafbar ist, wer eine strafbare Handlung begangen hat, um einen Befehl auszuführen, der ihm nach den rechtlich vorgeschriebenen Formen von der zuständigen Behörde gegeben wurde, der er gesetzlich zum Gehorsam verpflichtet war.

Artikel 91.

Nicht strafbar ist, wer eine strafbare Handlung in der Notwehr ausgeführt hat.

Notwehr ist die zur Verteidigung gegen einen begonnenen oder unmittelbar bevorstehenden, gegen sich oder einen anderen gerichteten rechtswidrigen Angriff notwendige Verletzung des Angreifers.

Das zur Verteidigung nötige Maß wird nach dem Grade der Gefährlichkeit des Angriffs, der Art des drohenden Schadens, der Weise und der Stärke des Angriffs und nach den übrigen Umständen beurteilt.

Wer die Grenzen der Notwehr überschreitet, wird nach den Vorschriften über den Versuch bestraft (Artikel 17), er bleibt jedoch straflos, wenn er aus Furcht oder Bestürzung, in die er durch den plötzlichen Angriff versetzt wurde, so gehandelt hat.

Artikel 92.

Wer vorsätzlich den Angriff eines anderen verursacht hat, um unter dem Vorwand der Notwehr eine strafbare Handlung gegen ihn zu begehen, ist von der im Gesetz bestimmten Strafe nicht befreit.

Artikel 93.

Nicht strafbar ist, wer eine strafbare Handlung begangen hat, um eine gegenwärtige, anders nicht abzuwendende, ihm oder einem seiner Verwandten auf- und absteigender Linie oder einem seiner Geschwister oder seinem Ehegatten oder Verlobten ohne sein Verschulden drohende Gefahr für die Person oder das Vermögen abzuwenden, wenn der durch diese Handlung dem andern zugefügte Schaden der Art und

Bedeutung nach nicht außer Verhältnis zu dem ihm drohenden Schaden steht.

Obige Vorschrift findet auf denjenigen, der verpflichtet ist, sich der drohenden Gefahr auszusetzen, keine Anwendung.

III. Gründe, welche die Strafbarkeit aufheben.

Artikel 94.

Die Strafbarkeit erlischt durch die Verjährung. Die Verbrechen verjähren:

1. in zwanzig Jahren, wenn die auf sie aufzuerlegende Strafe die Todes- oder die lebenslängliche Zuchthausstrafe ist;
2. in fünfzehn Jahren, wenn die auf sie aufzuerlegende Freiheitsstrafe von mehr als zehnjähriger Dauer ist;
3. in zehn Jahren, wenn die Strafe von kürzerer Dauer ist.

Die Vergehen verjähren:

1. in fünf Jahren, wenn die auf sie zu verhängende Freiheitsstrafe von mehr als einjähriger Dauer ist;
2. in drei Jahren, wenn die zu verhängende Strafe von kürzerer Dauer oder eine Geldstrafe ist.

Die Übertretungen verjähren in sechs Monaten. Obige Fristen sind nach der gebräuchlichen Kalenderzeit zu berechnen.

Artikel 95.

Die Verjährungsfrist beginnt an dem Tage, an dem die strafbare Handlung begangen wurde, und wird durch jede gesetzliche Untersuchungshandlung, die sich auf den Täter bezieht, unterbrochen.

Nach der Unterbrechung beginnt eine neue Verjährung, durch die aber, nachdem sie zu der vor der Unterbrechung verflossenen Frist hinzugerechnet wurde, die vom Gesetz für die Tat bestimmte Verjährung nicht um mehr als die Hälfte überschritten werden kann.

Artikel 96.

Die Verjährungsfrist ruht, solange kraft einer gesetzlichen Vorschrift die Strafverfolgung nicht begonnen oder fortgesetzt werden kann, ferner solange das Hauptverfahren gegen den Täter schwebt, jedoch nicht länger als zwei Jahre bei Verbrechen und Vergehen und ein Jahr bei Übertretungen. Ist zur Strafverfolgung ein Antrag erforderlich, so wird die Verjährung durch diesen Mangel nicht gehindert.

Artikel 97.

Die rechtskräftig erkannten Strafen, falls sie nicht vollstreckt worden sind, verjähren:

1. Die Todes- und die lebenslängliche Zuchthausstrafe nach dreißig Jahren.

2. Die Freiheitsstrafe von mehr als zehn Jahren nach zwanzig Jahren.
3. Die Zuchthausstrafe bis zu zehn Jahren und die Einschließung von mehr als fünf bis zu zehn Jahren nach fünfzehn Jahren.
4. Die Gefängnisstrafe und die Einschließung von mehr als zwei bis zu fünf Jahren, ferner die Geldstrafe von mehr als 5000 Drachmen nach zehn Jahren.
5. Die Gefängnisstrafe und die Einschließung von mehr als drei Monaten bis zu zwei Jahren und ferner die Geldstrafe von mehr als 300 bis zu 5000 Drachmen nach fünf Jahren.
6. Jede andere kleinere Strafe nach zwei Jahren.

Die in den Artikeln 57 bis 61 geregelten sichernden Maßnahmen verjähren nach drei Jahren.

Artikel 98.

Die Verjährung beginnt an dem Tage, an dem das Urteil rechtskräftig geworden ist. Sie wird unterbrochen durch jede begonnene Vollstreckung und durch jede auf die Vollstreckung bezügliche Handlung derjenigen Behörde, der die Vollstreckung obliegt.

Nach der Unterbrechung beginnt eine neue Verjährung, durch die aber, nachdem sie zu der vor der Unterbrechung verflossenen Frist hinzugerechnet wurde, die vom Gesetz für die Verjährung der Strafe bestimmte Frist nicht um mehr als die Hälfte überschritten werden kann.

Ist wegen derselben strafbaren Handlung auf eine Freiheitsstrafe und zugleich auf eine Geldstrafe erkannt worden, so verjährt die Vollstreckung der einen Strafe nicht früher als die der anderen.

Artikel 99.

Die Verjährung ruht, solange die Vollstreckung, gemäß Artikel 75 und 44, nicht stattfinden kann, ferner solange die Vollstreckung einer der in den Artikeln 60, 61, 68, 84 und 87 geregelten Maßnahmen anhält.

Artikel 100.

In jedem Falle, in dem nach Gesetz zur Verfolgung einer strafbaren Handlung ein Antrag erforderlich ist, ist ihre Strafbarkeit erloschen, wenn der Antrag von dem zu diesem Berechtigten binnen drei Monaten seit dem Tage, an dem derselbe Kenntnis von der Handlung und von der Person desjenigen, der sie begangen hat, oder eines ihrer Teilnehmer erlangt hat, nicht gestellt worden ist.

Dieselbe Wirkung hat auch die vor der zuständigen Verfolgungsbehörde von dem Antragsberechtigten gemachte ausdrückliche Erklärung, daß er auf den Antrag verzichte.

Artikel 101.

Zur Stellung des Antrages ist der unmittelbar durch die strafbare Handlung Geschädigte berechtigt, solange das Gesetz nicht etwas anderes bestimmt. Ist der Geschädigte wegen eines seelischen Leidens oder jugendlichen Alters geschäftsunfähig, so hat sein gesetzlicher Vertreter das Recht, den Antrag zu stellen, aber außer diesem steht dasselbe Recht auch dem Minderjährigen zu, wenn er sein sechzehntes Lebensjahr vollendet hat.

Sind mehrere zur Stellung des Antrages berechtigt, so hat jeder dieses Recht selbständig.

Nach dem Tode des Geschädigten geht das Recht der Antragstellung auf den überlebenden Ehegatten und auf seine Kinder und, wenn diese nicht vorhanden sind, auf die übrigen Verwandten in gerader Linie und auf die Geschwister über.

Artikel 102.

Die Strafverfolgung tritt gegen alle Teilnehmer der Straftat ein, auch wenn der gestellte Antrag nur gegen einen von ihnen gerichtet ist.

Artikel 103.

Der Antrag kann von dem dazu Berechtigten zurückgenommen werden, aber nur bis zum Beginn der Hauptverhandlung.

Die Zurücknahme des Antrages gegen einen der Teilnehmer an der Handlung hat die Einstellung der Strafverfolgung auch gegen die anderen zur Folge.

Die Zurücknahme hat keine Wirkung einem Beschuldigten gegenüber, welcher der Anklagebehörde erklären würde, daß er mit derselben nicht einverstanden sei. Ist die Zurücknahme des gestellten Antrages erfolgt, so kann kein neuer gestellt werden.

Artikel 104.

Auf seinen Antrag kann der, dem die bürgerlichen Rechte nach Artikel 50 bis 55 entzogen wurden, vom Gericht, wenn festgestellt wurde, daß er in der Zwischenzeit ein ehrliches Leben geführt hat, und den durch seine Straftat angerichteten Schaden, soweit es ihm möglich war, wieder gutgemacht hat, in seine Rechte wieder eingesetzt werden, und zwar nach fünf Jahren bei einer Verurteilung zur Zuchthaus- oder Todesstrafe, falls dieselbe in eine Freiheitsstrafe umgewandelt wurde, und nach drei Jahren bei einer Verurteilung zu Gefängnis, wobei die Frist, nach deren Ablauf er diese Rechte wiedererlangen kann, mit dem Tage beginnt, an dem die Strafe verbüßt, durch Gnadenakt erlassen oder verjährt ist.

Ist der Antrag auf Wiedereinsetzung zurückgewiesen worden, so kann er vor Ablauf von zwei Jahren nicht wiederholt werden.

Das Verfahren wird in der Strafprozeßordnung geregelt.

Besonderer Teil.

Sechstes Kapitel.

Hochverrat.

Artikel 105.

Als Hochverräter wird mit lebenslänglichem Zuchthaus oder mit Zuchthaus oder Einschließung nicht unter zehn Jahren bestraft:

1. wer es versucht, dem Präsidenten der Republik oder seinem Stellvertreter auf irgendeine Weise seine verfassungsmäßigen Rechte zu entziehen und
2. wer es versucht, durch körperliche Gewalt oder Drohungen mit Gewalt
   a) einen von ihnen an der Ausübung seiner verfassungsmäßigen Gewalt zu verhindern oder zu einer Handlung, die dieser Gewalt entspringt, zu nötigen;
   b) die Verfassung des Staates zu ändern oder
   c) ein dem Griechischen Staate gehörendes Gebiet von demselben loszureißen oder das Gebiet des Griechischen Staates einem anderen Staate einzuverleiben.

Artikel 106.

Wer öffentlich oder durch Verbreitung von Schriften, Bildern oder Darstellungen andere zur Unternehmung einer der in Artikel 105 enthaltenen Handlungen vorsätzlich auffordert oder aufzureizen versucht, wird mit Zuchthaus von höchstens zehn Jahren oder mit Einschließung von einem bis zu zehn Jahren bestraft.

Wer mit einem anderen sich verschwört, um mit ihm eine der in Artikel 105 enthaltenen Taten auszuführen, oder wer die Ausführung einer dieser Handlungen durch Einverständnisse, die er mit einer fremden Regierung unterhält, vorbereitet, wird mit Zuchthaus von höchstens zehn Jahren oder mit Einschließung von drei bis zu fünf Jahren bestraft.

Jede andere vorsätzliche, die Vorbereitung einer der im Artikel 105 enthaltenen Handlungen bezweckende Tätigkeit wird mit Gefängnis von höchstens drei Jahren oder mit Einschließung bis zu drei Jahren bestraft.

Artikel 107.

In den Fällen der Artikel 105 und 106 kann das Gericht neben der Einschließung oder Gefängnisstrafe auf die Entziehung der öffentlichen Ämter oder der aus öffentlichen Wahlen hervorgegangenen Rechte erkennen; gegen einen Ausländer jedoch kann es die Ausweisung aus dem Staatsgebiet anordnen.

Artikel 108.

In den Fällen der Artikel 105 und 106 ist der Täter straffrei, wenn er aus eigenem Willen den Eintritt des durch die Tat bezweckten Erfolges verhindert hat.

Siebentes Kapitel.

Landesverrat.

Angriff gegen den internationalen Frieden des Landes.

Artikel 109.

Wer mit einer fremden Regierung im Einverständnis steht oder in Unterhandlung tritt, um einen Krieg oder Feindseligkeiten gegen den Griechischen Staat oder einen seiner Verbündeten herbeizuführen, wird mit Zuchthaus oder Einschließung bestraft.

Wenn jedoch infolge seiner obigen Tätigkeiten der Krieg wirklich ausgebrochen ist oder die Feindseligkeiten begonnen haben, wird er mit lebenslänglichem Zuchthaus, oder mit Zuchthaus oder mit Einschließung nicht unter zehn Jahren bestraft.

Artikel 110.

Wer durch feindselige, nicht von der Regierung gebilligte Handlungen oder durch Machenschaften vorsätzlich den Griechischen Staat oder einen seiner Verbündeten der Gefahr des Krieges oder der Feindseligkeiten aussetzt, wird mit Zuchthaus oder Einschließung von höchstens zehn Jahren, wenn aber infolge obiger Tätigkeiten der Krieg wirklich ausgebrochen ist oder die Feindseligkeiten begonnen haben, mit Zuchthaus oder Einschließung von mindestens zehn Jahren bestraft.

Artikel 111.

Wer vorsätzlich oder durch irgendwelche Tätigkeiten den Griechischen Staat oder einen seiner Verbündeten oder die Einwohner eines derselben einer Repressaliengefahr aussetzt, oder die freundschaftlichen Beziehungen der Griechischen Regierung oder der eines ihr verbündeten Staates zu einer fremden Regierung gefährdet, wird mit Gefängnis oder Einschließung von drei bis zu dreißig Monaten und wenn die Repressalien wirklich infolge seiner Tätigkeiten erfolgt sind, mit Gefängnis oder Einschließung von dreißig Monaten bis zu fünf Jahren bestraft.

Artikel 112.

Wer fahrlässig sich einer der in den Artikeln 109 bis 111 beschriebenen Handlungen schuldig gemacht hat, ist in den Fällen der Artikel 109 und 110 mit Gefängnis oder Einschließung von höchstens drei Jahren, in den Fällen des Artikels 111 mit Gefängnis oder Einschließung von höchstens einem Jahre zu bestrafen.

Militärdienst beim Feinde.

Artikel 113.

Ein griechischer Untertan, der während eines Krieges gegen den Griechischen Staat in der feindlichen Heeres- oder Seemacht dient oder die Waffen gegen den Griechischen Staat oder seine Verbündeten trägt, wird mit Zuchthaus von höchstens zehn Jahren oder mit Einschließung von gleicher Dauer bestraft.

In besonders schweren Fällen ist auf zeitiges oder auf lebenslängliches Zuchthaus zu erkennen.

Unterstützung der Kriegsmacht des Feindes.

Artikel 114.

Wer in Beziehung auf einen ausgebrochenen oder möglichen Krieg gegen den Griechischen Staat rechtswidrig und wissentlich auf eine Weise handelt, die geeignet ist, die Kriegsmacht des Feindes zu verstärken oder der Kriegsmacht des Griechischen Staates oder seiner Verbündeten Schaden zuzufügen, wird mit Zuchthaus von höchstens zehn Jahren oder mit Einschließung von gleicher Dauer bestraft.

In besonders schweren Fällen ist auf zeitiges oder lebenslängliches Zuchthaus zu erkennen.

Der fremde Untertan, der dem Feinde Kriegserfordernisse liefert oder ein Darlehn gibt, ist nicht strafbar, es sei denn, daß er zur Zeit der Tat in Griechenland wohnte oder in einem von Griechenland besetzten Gebiet oder daß die dem Feinde gelieferten Sachen aus diesen Gebieten stammen.

Nichterfüllung von Verträgen.

Artikel 115.

Wer in Beziehung auf einen ausgebrochenen oder bevorstehenden Krieg gegen den Griechischen Staat es unterläßt, einen Vertrag über Bedürfnisse der Kriegsmacht des Staates oder seiner Verbündeten ganz oder teilweise zu erfüllen, wird mit Gefängnis und mit Geldstrafe von 1000 bis zu 50 000 Drachmen bestraft.

Ist die Unterlassung fahrlässig begangen, so wird er mit Gefängnis von höchstens zwei Jahren oder mit Geldstrafe bis zu 10 000 Drachmen bestraft.

Diese Straftaten werden nur auf Antrag des Justizministers bestraft.

Verletzung von Staatsgeheimnissen.

Artikel 116.

Wer vorsätzlich und rechtswidrig Schriften, Zeichnungen oder andere Sachen oder Nachrichten, deren Geheimhaltung gegenüber einer fremden Regierung von den Interessen des Staates oder eines seiner Verbündeten erfordert wird, einem anderen übergibt oder in den Besitz oder zur Kenntnis eines anderen gelangen läßt, wird mit Gefängnis von mindestens einem Jahr oder mit Zuchthaus von höchstens zehn Jahren oder mit ebensolcher Einschließung bestraft.

Artikel 117.

Wer fahrlässig sich einer der im vorigen Artikel angeführten Handlungen schuldig macht, wird, wenn die in Rede kommenden Sachen, Nachrichten oder Tatsachen ihm dienstlich anvertraut oder kraft seines öffentlichen Amtes oder eines von seiten der Behörde erteilten Auftrages zugänglich sind, oder wenn er von diesen infolge eines der in Artikel 115 bezeichneten Verträge Kenntnis erhalten hat, mit Gefängnis bis zu drei Jahren oder mit Einschließung von gleicher Dauer, oder mit Geldstrafe bis zu 10 000 Drachmen bestraft.

Ausspähung.

Artikel 118.

Wer vorsätzlich und rechtswidrig erreicht, daß Sachen oder Nachrichten von den in Artikel 116 bezeichneten in seinen Besitz oder zu seiner Kenntnis gelangen, wird mit Gefängnis von höchstens drei Jahren oder mit Einschließung von gleicher Dauer bestraft.

Wenn der Täter in der Absicht gehandelt hat, von den obigen Sachen oder Nachrichten zu einer das Interesse oder insbesondere die Sicherheit des Staates oder eines Verbündeten gefährdenden Weiterleitung oder Mitteilung Gebrauch zu machen, wird er mit Zuchthaus von höchstens zehn Jahren oder mit Einschließung von gleicher Dauer bestraft.

Artikel 119.

Wer,

1. ohne ein Recht zu haben, Bilder, Pläne von Befestigungen, Schiffen, Straßen, Anstalten oder anderen Werken oder militärischen Plätzen anfertigt oder
2. zu diesem Zweck heimlich oder durch List die besagten Orte betritt, wenn ihr Zugang dem Publikum verboten ist,

wird mit Gefängnis von höchstens zwei Jahren oder mit Einschließung bestraft.

Wer diese Orte heimlich oder durch List betritt, ist schon um dessentwillen mit Gefängnis von höchstens sechs Monaten oder mit Einschließung von gleicher Dauer zu bestrafen.

Verfälschung von Beweismitteln usw.

Artikel 120.

Wer vorsätzlich Schriftstücke oder andere Gegenstände, die zum Beweise von Rechten oder zur Unterstützung von Interessen des Griechischen Staates oder eines seiner Verbündeten einem anderen Staate gegenüber dienen können, verfälscht, zerstört oder unterdrückt, wird mit Zuchthaus von höchstens zehn Jahren oder mit Einschließung von gleicher Dauer bestraft.

Mißbrauch einer Vollmacht.

Artikel 121.

Wer als Bevollmächtigter des Griechischen Staates oder eines seiner Verbündeten die ihm übertragenen Geschäfte vorsätzlich mit einem anderen Staate auf eine solche Art durchführt, daß dem Auftraggeber dadurch ein Schaden entstehen kann, wird mit Zuchthaus von höchstens zehn Jahren oder mit Einschließung von gleicher Dauer oder mit Gefängnis nicht unter einem Jahre bestraft.

Allgemeine Vorschrift.

Artikel 122.

In den Fällen der Artikel 109, 110, 111, 113, 114, 115, 116, 118, 119, 120 und 121 kann das Gericht neben der Einschließung oder Gefängnisstrafe auch auf Entziehung der öffentlichen Ämter oder der aus öffentlichen Wahlen hervorgegangenen Rechte erkennen.

Achtes Kapitel.

Straftaten gegen fremde Staaten.

Artikel 123.

A. Wer sich gegen einen fremden von Griechenland anerkannten und im Frieden mit ihm sich befindenden Staat einer der in den Artikeln 105 und 106 bezeichneten Taten schuldig macht, sowie auch

B. wer gegen das Oberhaupt eines fremden von Griechenland anerkannten und mit ihm in Frieden lebenden Staates vorsätzlich eine Gewalttätigkeit begeht oder versucht, sowie auch wer auf irgendeine Weise seine Ehre angreift, wird, soweit die Handlung nicht nach einer anderen Gesetzesvorschrift mit schwerer Strafe bedroht ist und die Gegenseitigkeit zur Zeit der Ausführung der Tat und ihrer Bestrafung verbürgt ist, mit Gefängnis oder Einschließung von höchstens fünf Jahren bestraft.

Eine Verfolgung ist nur infolge eines Antrages der fremden Regierung zulässig.

Wer gegen das Oberhaupt eines solchen fremden Staates während seines Aufenthaltes in Griechenland und in Griechenland sich einer der wie oben unter dem Buchstaben B bezeichneten Handlungen schuldig macht, ist ungeachtet der Gegenseitigkeit strafbar und wird von Amts wegen verfolgt, wenn er wie oben sich einer Gewalttätigkeit schuldig gemacht oder eine solche versucht hat.

Die in diesem Artikel angeführten Angriffe gegen die Ehre verjähren in sechs Monaten, der Wahrheitsbeweis jedoch ist ausgeschlossen.

In dem unter dem Buchstaben A des ersten Absatzes dieses Artikels bezeichneten Falle findet die Vorschrift des Art. 108 Anwendung.

Angriffe auf die Ehre diplomatischer Vertreter.

Artikel 124.

Wer gegen einen bei der Griechischen Republik beglaubigten Gesandten oder einen anderen diplomatischen Vertreter eines fremden Staates sich einer der im vorigen Artikel unter dem Buchstaben B bezeichneten Handlungen schuldig macht, wird, sofern die Tat nach einer anderen Gesetzesvorschrift nicht mit schwererer Strafe bedroht ist, mit Gefängnis bis zu zwei Jahren oder mit Einschließung von gleicher Dauer bestraft. Die Verfolgung ist nur auf Antrag des Verletzten oder seiner Regierung zulässig.

Verunglimpfung von Hoheitszeichen.

Artikel 125.

Mit Gefängnis von höchstens sechs Monaten oder mit Einschließung von gleicher Dauer oder mit Geldstrafe von höchstens 2000 Drachmen wird bestraft, wer öffentlich, um Haß oder Verachtung auszudrücken, ein Hoheitszeichen oder Wappen eines fremden von Griechenland anerkannten und mit ihm in Frieden sich befindenden Staates hinwegnimmt oder beschädigt oder irgendwie verunglimpft, wenn die Gegenseitigkeit zur Zeit der Ausführung der Handlung und der Bestrafung verbürgt war. Die Verfolgung ist nur infolge eines Antrages der fremden Regierung zulässig.

Neutralitätsbruch.

Artikel 126.

Mit Gefängnis von höchstens sechs Monaten oder mit Einschließung von gleicher Dauer oder mit Geldstrafe bis zu 10 000 Drachmen wird bestraft, wer ein von der Regierung zur Wahrung der Neutralität während eines Krieges erlassenes und im Regierungsblatt veröffentlichtes Verbot verletzt. Die Verfolgung tritt nur auf Anweisung des Justizministers ein.

Neuntes Kapitel.

Straftaten gegen die freie Ausübung der staatsbürgerlichen Rechte.

I. Straftaten gegen politische Körperschaften.

Gewalt gegen das Parlament u. s. w.

Artikel 127.

Wer durch Gewalt oder Drohungen mit Gewalt das Parlament oder eines seiner Mitglieder zur Ausübung oder Unterlassung einer auf ihre Pflichten sich beziehenden Handlung nötigt, wird mit Zuchthaus bis zu zehn Jahren oder mit Einschließung von gleicher Dauer bestraft. Das Gericht kann neben diesen Strafen auch auf die Entziehung der öffentlichen Ämter oder der aus öffentlichen Wahlen hervorgegangenen Rechte erkennen.

Wer sich einer dieser Handlungen gegen einen Kreis- oder Gemeinderat oder eines seiner Mitglieder schuldig gemacht hat, wird mit Gefängnis bis zu drei Jahren oder mit Einschließung von gleicher Dauer bestraft. Der letzte Satz des vorigen Absatzes ist auch in diesem Falle anzuwenden.

Wahl- oder Stimmenfälschung.

Artikel 128.

Wer auf irgendeine Weise die Herbeiführung eines unrichtigen Ergebnisses in einer vom Parlament oder einem seiner Ausschüsse vorgenommenen Wahl oder Abstimmung vorsätzlich verursacht, sowie auch wer das richtige Ergebnis dieser Wahl oder Abstimmung verfälscht, wird mit Gefängnis bis zu zwei Jahren oder mit Einschließung von gleicher Dauer bestraft.

Wer sich einer dieser Handlungen in einer von einem Kreis- oder Gemeinderat oder einem ihrer Ausschüsse vorgenommenen Wahl oder Abstimmung schuldig macht, wird mit Gefängnis bis zu einem Jahr oder mit Einschließung von gleicher Dauer bestraft.

Das Gericht kann neben diesen Strafen auch auf die Entziehung der öffentlichen Ämter oder der aus öffentlichen Wahlen hervorgegangenen Rechte erkennen.

Bestechung.

Artikel 129.

Wer in Beziehung auf eine vom Parlament oder einem seiner Ausschüsse unternommene Wahl oder Abstimmung einem Abgeordneten Geschenke oder irgendwelche anderen Vorteile, die er ihm nicht zu gewähren schuldig ist, anbietet, gewährt oder verspricht als Entgelt dafür, daß er nicht an der Wahl oder Abstimmung teilnehme, oder dafür, daß er sein Wahlrecht in bestimmter Weise ausübe, wird mit Gefängnis bis zu zwei Jahren oder mit Einschließung von gleicher Dauer und mit Geldstrafe von höchstens 10 000 Drachmen bestraft.

Der Abgeordnete, der in Beziehung auf eine der im Absatz 1 dieses Artikels bezeichneten Wahlen oder Abstimmungen die Gewährung oder das Versprechen von Geschenken oder anderer ihm nicht geschuldeter Vorteile als Entgelt annimmt oder dergleichen dafür fordert, daß er an der Wahl oder Abstimmung nicht teilnehme oder dafür, daß er sein Wahlrecht in bestimmter Weise ausübe, wird mit Gefängnis und mit Geldstrafe bis zu 10 000 Drachmen bestraft.

Wer in Beziehung auf eine von einem Kreis- oder Gemeinderat oder einem ihrer Ausschüsse unternommene Wahl oder Abstimmung, einem Kreis- oder Gemeinderatsmitglied Geschenke oder irgendwelche andere Vorteile, die er ihm zu gewähren nicht schuldig ist, anbietet, gewährt oder verspricht als Entgelt dafür, daß es nicht an der Wahl oder Abstimmung teilnehme oder dafür, daß es sein Wahlrecht in bestimmter Weise ausübe, wird mit Gefängnis bis zu einem Jahr oder mit Einschließung von gleicher Dauer und mit Geldstrafe bis zu 2000 Drachmen bestraft.

Das Kreis- oder Gemeinderatsmitglied, das in Beziehung auf eine der im Absatz 3 dieses Artikels bezeichneten Wahlen oder Abstimmungen die Gewährung oder das Versprechen von Geschenken oder anderen ihm nicht geschuldeten Vorteilen annimmt oder solche Geschenke oder Vorteile als Entgelt dafür fordert, daß es an der Wahl oder Abstimmung nicht teilnehme oder sein Wahlrecht in einer bestimmten Weise ausübe, wird mit Gefängnis bis zu einem Jahr und mit Geldstrafe bis zu 2000 Drachmen bestraft.

Das Gericht kann neben diesen Strafen auch auf Entziehung der öffentlichen Ämter oder auch der aus öffentlichen Wahlen hervorgegangenen Rechte erkennen.

Störung von Sitzungen.

Artikel 130.

Wer vorsätzlich die Durchführung einer Sitzung des Parlaments oder eines seiner Ausschüsse verhindert oder durch Erregung von Lärm oder Unordnung oder auf irgendeine andere Weise stört, wird mit Gefängnis bis zu einem Jahr oder mit Einschließung von gleicher Dauer oder mit Geldstrafe bis zu 2000 Drachmen bestraft.

Wer auf eine der oben angeführten Arten vorsätzlich die Durchführung einer Sitzung eines Kreis- oder Gemeinderats oder eines ihrer Ausschüsse stört, wird mit Gefängnis bis zu einem Jahr oder mit Einschließung von gleicher Dauer oder mit Geldstrafe bis zu 2000 Drachmen bestraft.

II. Straftaten in Beziehung auf die Wahlen.

Gewalt gegen Wahlberechtigte.

Artikel 131.

Wer durch Gewalt oder Drohungen mit Gewalt einen Wahlberechtigten an der Ausübung seines Rechtes hindert oder ihn zu dieser Ausübung nötigt oder zur Abgabe seiner Stimme für oder gegen einen Kandidaten bei einer Wahl von Abgeordneten oder Kreis- oder Gemeindebehörden zwingt, wird mit Gefängnis oder Einschließung von höchstens fünf Jahren bestraft. Das Gericht kann auch neben diesen Strafen auf Entziehung der öffentlichen Ämter oder der aus öffentlichen Wahlen hervorgegangenen Rechte erkennen.

Täuschung von Wahlberechtigten.

Artikel 132.

Wer durch Verbreitung falscher Nachrichten oder verleumderischer Gerüchte oder durch andere Machenschaften, die sich insbesondere auf die Person eines Kandidaten beziehen, einen Wahlberechtigten täuscht, damit dieser entweder die Ausübung seines Wahlrechts unterlasse oder seine Ansicht über die in Artikel 131 bezeichneten Wahlen ändere, wird mit Gefängnis oder mit Einschließung von höchstens zwei Jahren oder mit Geldstrafe bis zu 2000 Drachmen bestraft.

Verletzung des Abstimmungsgeheimnisses.

Artikel 133.

Der, dem es gelingt, bei geheimer Wahl auf irgendeine Weise sich oder einem Dritten Kenntnis über die von einem Wahlberechtigten abgegebene Stimme zu verschaffen, wird mit Gefängnis bis zu einem Jahr oder mit Einschließung von gleicher Dauer bestraft.

Wahlfälschung.

Artikel 134.

Wer unbefugt bei einer der in Artikel 131 bezeichneten Wahlen stimmt, wer wiederholt stimmt oder eine mehrfache Stimme abgibt, oder wer auf irgendeine andere Weise die Herbeiführung eines unrichtigen Ergebnisses vorsätzlich verursacht, sowie auch derjenige, der das richtige Ergebnis verfälscht, wird mit Gefängnis bis zu zwei Jahren oder mit Einschließung von gleicher Dauer bestraft. Wenn aber der Täter eines Amtes während der Wahl waltete, wird er mit Gefängnis bis zu drei Jahren oder mit Einschließung von gleicher Dauer bestraft.

Der letzte Satz des Artikels 131 gilt auch im vorliegenden Falle.

Bestechung bei den Wahlen.

Artikel 135.

Wer in Beziehung auf eine der in Artikel 131 bezeichneten Wahlen einem Wahlberechtigten Geschenke oder andere ihm nicht geschuldete Vorteile anbietet, gewährt oder verspricht als Entgelt dafür, daß dieser sein Wahlrecht nicht oder in bestimmter Weise ausübe, wird mit Gefängnis von höchstens zwei Jahren oder mit Einschließung von gleicher Dauer und mit Geldstrafe bis zu 10 000 Drachmen bestraft.

Der letzte Satz des Artikels 131 gilt auch im vorliegenden Falle. Mit Gefängnis bis zu zwei Jahren oder mit Einschließung von gleicher Dauer und mit Geldstrafe von höchstens 1000 Drachmen wird der Wahlberechtigte bestraft, der in Beziehung auf eine der in Artikel 131 angeführten Wahlen das Angebot oder das Versprechen von Geschenken oder anderen ihm nicht geschuldeten Vorteilen annimmt oder solche Geschenke oder Vorteile als Entgelt dafür fordert, daß er sein Wahlrecht nicht oder in bestimmter Weise ausübe.

Wahlstörung.

Artikel 136.

Wer vorsätzlich die Durchführung einer von den in Artikel 131 angeführten Wahlen verhindert oder sie durch Erregung von Lärm oder Unordnung oder auf irgendeine andere Weise stört, wird mit Gefängnis bis zu einem Jahr oder mit Einschließung von gleicher Dauer oder mit Geldstrafe von höchstens 2000 Drachmen bestraft.

Zehntes Kapitel.

Angriffe gegen die Staatsgewalt.

Widerstand.

Artikel 137.

Wer körperliche Gewalt oder Drohungen mit Gewalt anwendet, um eine Behörde oder einen Beamten zur Vornahme einer Amtshandlung oder zur Unterlassung einer solchen zu nötigen, sowie auch, wer eine Gewalttätigkeit gegen einen Beamten oder eine zu seiner Unterstützung zugezogene Person während der rechtmäßigen Ausübung ihres Amtes vornimmt, wird mit Gefängnis oder mit Einschließung bis zu drei Jahren oder mit Geldstrafe bis zu 2000 Drachmen bestraft. Dieselben Strafen sind zu verhängen, auch wenn obige Handlungen gegen Mannschaften der bewaffneten Macht unternommen werden.

Ist derjenige, gegen den die Tat gerichtet war, in schwere persönliche Gefahr geraten, so ist auf Gefängnis oder Einschließung von drei Monaten bis zu fünf Jahren zu erkennen, sofern die Handlung nach einer anderen Gesetzesvorschrift nicht schwerer zu bestrafen ist.

Als Beamter ist hier jeder anzusehen, dem die Ausübung eines öffentlichen oder gemeindlichen Amtes rechtmäßig übertragen worden ist.

Ungehorsam.

Artikel 138.

Mit Gefängnis oder mit Einschließung von höchstens einem Monat wird bestraft, wer ohne Widerstand auf vorangegangene rechtmäßige Aufforderung einem der in Artikel 137 bezeichneten Beamten die nach dem Gesetz schuldige Dienst- oder Hilfeleistung oder irgendwo den Zutritt zur Vornahme einer rechtmäßigen Amtshandlung verweigert.

Aufruhr.

Artikel 139.

Wer sich vorsätzlich an einer öffentlichen Zusammenrottung einer Menschenmenge beteiligt, die mit vereinten Kräften eine der in Artikel 137 bezeichneten Handlungen begeht, wird mit Gefängnis oder Einschließung von drei Monaten bis zu drei Jahren bestraft.

Die Rädelsführer sowie auch diejenigen, die körperliche Gewalt und Drohungen mit Gewalt angewendet oder Gewalttätigkeiten begangen haben, sind mit Gefängnis oder mit Einschließung von mindestens zwei Jahren, sofern die Handlung nicht mit schwererer Strafe bedroht ist, zu bestrafen.

Auflehnung gegen die Obrigkeit.

Artikel 140.

Wird eine öffentlich und im Freien versammelte Menschenmenge von dem zuständigen Zivil- oder Militärbeamten aufgefordert, sich aufzulösen, so ist jeder der Versammelten, der sich nach der dritten Aufforderung von der Versammlung nicht entfernt, mit Gefängnis von höchstens drei Monaten oder mit Einschließung von gleicher Dauer oder mit Geldstrafe von höchstens 1000 Drachmen zu bestrafen.

Gefangenenbefreiung.

Artikel 141.

Wer einen Gefangenen oder einen anderen auf behördliche Anordnung Verwahrten befreit oder an der Entweichung eines derselben mitwirkt, wird mit Gefängnis bestraft.

Wer fahrlässig sich einer dieser Handlungen schuldig gemacht hat, wird, wenn er aus irgendeinem Grunde zur Bewachung des Entwichenen verpflichtet war, mit Gefängnis bis zu sechs Monaten oder mit Geldstrafe bis zu 1000 Drachmen bestraft; er bleibt jedoch gänzlich straffrei, wenn dieser durch seine Bemühungen binnen acht Tagen wieder festgenommen wurde.

Meuterei von Gefangenen.

Artikel 142.

Gefangene oder andere auf behördliche Anordnung Verwahrte, die mit vereinten Kräften

a) gewaltsam zu entweichen versuchen oder
b) die Anstaltsbeamten oder die mit der Bewachung oder Beaufsichtigung Beauftragten tätlich angreifen oder
c) durch Gewalt oder Drohung es unternehmen, einen von diesen zu einer Handlung oder Unterlassung zu nötigen,

sind mit Gefängnis von mindestens drei Monaten zu bestrafen.

Wer von ihnen eine Gewalttätigkeit gegen eine der oben bezeichneten Personen begangen hat, wird mit Gefängnis von mindestens zwei Jahren bestraft.

Amtsanmaßung.

Artikel 143.

Wer sich vorsätzlich die Ausübung eines öffentlichen oder gemeindlichen Amtes anmaßt, wird mit Gefängnis oder mit Einschließung von höchstens einem Jahr oder mit Geldstrafe von höchstens 1000 Drachmen bestraft.

Diese Vorschrift ist auch auf denjenigen anzuwenden, der sich die Ausübung der Rechtsanwaltschaft anmaßt.

Artikel 144.

Wer öffentlich und unbefugt die Uniform oder ein sonstiges Amtszeichen eines öffentlichen oder gemeindlichen Beamten, einen Orden oder einen Titel trägt und führt, die ihm nicht auf eine gesetzliche Weise verliehen worden sind, wird mit Gefängnis oder Einschließung von höchstens zwei Monaten oder mit Geldstrafe von höchstens 2000 Drachmen bestraft.

Bruch einer Beschlagnahme.

Artikel 145.

Wer vorsätzlich eine beschlagnahmte Sache vernichtet, beschädigt oder auf die Seite schafft, ist mit Gefängnis bis zu zwei Jahren oder mit Geldstrafe bis zu 1000 Drachmen zu bestrafen.

Amtssiegelbruch.

Artikel 146.

Wer vorsätzlich und eigenmächtig ein Siegel, das von einer Behörde angelegt ist, um Sachen oder Schriftstücke in Beschlag zu nehmen oder unter Verschluß zu verwahren oder zu bezeichnen, erbricht, beschädigt oder auf irgendeine Weise den durch das Siegel bewirkten Verschluß hinfällig macht, wird mit Gefängnis bis zu zwei Jahren oder mit Geldstrafe bis zu 1000 Drachmen bestraft.

Bruch amtlicher Verwahrung.

Artikel 147.

Wer Schriftstücke oder andere Sachen, die von der Behörde in Verwahrung genommen oder einem anderen in Verwahrung gegeben worden sind, vorsätzlich zerstört, beschädigt oder auf irgendeine Weise der amtlichen Verfügung entzieht, wird mit Gefängnis bis zu drei Jahren oder mit Geldstrafe bis zu 3000 Drachmen bestraft.

Beschädigung amtlicher Bekanntmachungen.

Artikel 148.

Mit Gefängnis bis zu sechs Monaten oder mit Einschließung von gleicher Dauer oder mit Geldstrafe bis zu 1000 Drachmen wird bestraft, wer die von der Behörde öffentlich angeschlagenen oder ausgelegten amtlichen Bekanntmachungen vorsätzlich und eigenmächtig wegnimmt, beschädigt oder unkenntlich macht.

Verunglimpfung von Hoheitszeichen.

Artikel 149.

Mit Gefängnis bis zu einem Jahr oder mit Einschließung von gleicher Dauer oder mit Geldstrafe bis zu 5000 Drachmen wird bestraft, wer öffentlich ein die Staatshoheit darstellendes Zeichen oder Sinnbild verunglimpft oder, um Haß oder Verachtung auszudrücken, dasselbe wegnimmt, beschädigt oder unkenntlich macht.

Bruch der Aufenthaltsbeschränkung.

Artikel 150.

Mit Gefängnis bis zu sechs Monaten wird bestraft, wer die ihm rechtmäßig auferlegten Beschränkungen betreffs der Freiheit des Aufenthalts und die diesbezüglichen Verpflichtungen verletzt.

Elftes Kapitel.

Anschlag auf die öffentliche Ordnung.

Aufreizung.

Artikel 151.

Wer öffentlich auf irgendeine Weise zum Ungehorsam gegen die Gesetze oder die rechtmäßig erlassenen Verordnungen der Regierung oder gegen andere rechtmäßige Befehle der Obrigkeit auffordert oder aufreizt, wird mit Gefängnis oder Einschließung bis zu drei Jahren oder mit Geldstrafe bis zu 3000 Drachmen bestraft.

Artikel 152.

Wer öffentlich auf irgendeine Weise zur Begehung eines Verbrechens oder Vergehens auffordert oder aufreizt, wird mit Gefängnis bis zu drei Jahren oder mit Geldstrafe bis zu 3000 Drachmen bestraft. An Stelle dieser Strafen kann jedoch auf Einschließung bis zu drei Jahren erkannt werden, wenn auf die Straftat, deren Begehung durch die Aufforderung oder Aufreizung bezweckt war, Einschließung als alleinige Strafe oder wahlweise neben einer anderen angedroht ist.

Wenn durch die Aufforderung oder Aufreizung die Begehung eines Mordes oder einer der im 18. Kapitel dieses Gesetzes enthaltenen als Verbrechen zu bestrafenden Handlung bezweckt war, so ist auf Gefängnis von drei Monaten bis zu fünf Jahren zu erkennen.

Artikel 153.

Wer öffentlich auf irgendeine Weise ein begangenes Verbrechen verherrlicht und auf diese Weise die öffentliche Ordnung gefährdet, wird mit Gefängnis bis zu drei Jahren oder mit Einschließung von gleicher Dauer oder mit Geldstrafe bis zu 3000 Drachmen bestraft.

Aufforderung und Sicherbieten zur Begehung von Verbrechen.

Artikel 154.

Wer jemand zur Begehung eines Verbrechens auffordert oder irgendwie dazu verleitet, sowie auch, wer sich dazu erbietet und wer solch eine Aufforderung oder Erbieten annimmt, wird mit Gefängnis bis zu drei Jahren oder mit Geldstrafe bis zu 3000 Drachmen bestraft.

An Stelle dieser Strafen kann auf Einschließung bis zu drei Jahren erkannt werden, wenn auf die Straftat, deren Begehung durch die Aufforderung oder das Erbieten bezweckt war, Einschließung als alleinige Strafe oder wahlweise neben einer anderen angedroht war.

Auf obige Strafen ist nur dann zu erkennen, wenn die Tat nach einer anderen Gesetzesvorschrift nicht mit einer schwereren Strafe bedroht wird.

Die in diesem Artikel bezeichneten Handlungen sind nicht strafbar, wenn der Schuldige aus eigenem Willen die Aufforderung, das Erbieten oder die Annahme zurückgenommen hat.

Komplott und Bande.

Artikel 155.

Wer mit einem anderen die Begehung eines Verbrechens verabredet oder wer sich mit einem anderen zur fortgesetzten Begehung von Verbrechen verständigt, auch wenn diese im einzelnen noch nicht bestimmt sind, wird mit Gefängnis bestraft.

Der Täter bleibt straffrei, wenn er durch Anzeige bei der Behörde die Verhütung der Verbrechen ermöglicht.

Teilnahme an einem unerlaubten Verein.

Artikel 156.

Wer an einem Verein teilnimmt, dessen Ziele den strafrechtlichen Vorschriften zuwiderlaufen, ist mit Gefängnis bis zu drei Jahren oder mit Einschließung von gleicher Dauer oder mit Geldstrafe bis zu 3000 Drachmen zu bestrafen.

Landfriedensbruch.

Artikel 157.

Wer sich an der öffentlichen Zusammenrottung einer Menschenmenge beteiligt, die mit vereinten Kräften Gewalttätigkeiten gegen Personen oder Sachen begeht oder rechtswidrig in fremde Häuser, Wohnungen oder andere Grundstücke eindringt, wird mit Gefängnis bis zu zwei Jahren bestraft.

Die Rädelsführer sowie auch diejenigen, die Gewalttätigkeiten begangen haben, werden mit Gefängnis von drei Monaten bis zu fünf Jahren bestraft.

Diese Strafen werden nur dann verhängt, wenn die Tat nach einer anderen Gesetzesvorschrift keine schwerere Strafe nach sich zieht.

Störung des Friedens der Bürger.

Artikel 158.

Wer durch Drohungen mit Verbrechen oder Vergehen Unruhe oder Schrecken bei den Bürgern erregt, wird mit Gefängnis bis zu zwei Jahren bestraft.

Artikel 159.

Zu Gefängnis von höchstens drei Monaten oder zu Geldstrafe bis zu 2000 Drachmen wird verurteilt, wer auf irgendeine Weise wissentlich falsche Nachrichten oder Gerüchte ausstreut, die geeignet sind, die Bürger in Unruhe oder Angst zu versetzen oder das öffentliche Vertrauen zu stören.

Artikel 160.

Wer öffentlich auf irgendeine Weise verschiedene Klassen der Bevölkerung zu Gewalttätigkeiten gegeneinander oder zur gegenseitigen Zwietracht auffordert oder aufreizt und auf diese Weise den gesellschaftlichen Frieden stört, wird mit Gefängnis von höchstens zwei Jahren oder mit Einschließung von gleicher Dauer oder mit Geldstrafe bis zu 3000 Drachmen bestraft, sofern nach einer anderen Gesetzesvorschrift die Tat keine schwerere Strafe nach sich zieht.

Straftat in verschuldeter Trunkenheit.

Artikel 161.

Wer sich vorsätzlich oder fahrlässig in einen Zustand von Trunkenheit versetzt, der nach Artikel 81 die Zurechnungsfähigkeit ausschließt, wird, wenn er in diesem Zustand sich einer Tat schuldig macht, die ihm andernfalls als ein Verbrechen oder ein Vergehen zuzurechnen wäre, mit Gefängnis bis zu sechs Monaten bestraft.

Die Strafverfolgung ist nur auf Antrag zulässig, wenn die begangene Tat nur auf Antrag zu verfolgen ist.

Aufforderung zur Aufbringung von Geldstrafen.

Artikel 162.

Wer öffentlich zur Aufbringung der wegen einer strafbaren Handlung gerichtlich erkannten Geldstrafe, eines Schadensersatzes oder der Auslagen auffordert oder die Namen der zu diesem Zwecke Hilfeleistenden veröffentlicht, wird mit Gefängnis bis zu sechs Monaten oder mit Geldstrafe bis zu 1500 Drachmen bestraft.

Bildung eines bewaffneten Haufens.

Artikel 163.

Wer unbefugt einen bewaffneten Haufen bildet, der nicht die Begehung von Straftaten bezweckt, oder denselben mit Kriegsbedarf ausrüstet oder ihn befehligt, sowie auch, wer sich einem solchen Haufen anschließt, wird mit Gefängnis bis zu zwei Jahren oder mit Einschließung von gleicher Dauer oder mit Geldstrafe bis zu 3000 Drachmen bestraft.

Mißbrauch des geistlichen Amtes.

Artikel 164.

Ein Religionsdiener, der bei Verrichtung seines Amtes oder öffentlich und kraft seiner Eigenschaft die Bürger zu Feindseligkeit gegen die Staatsgewalt oder gegeneinander auffordert oder aufreizt, wird mit Gefängnis bis zu drei Jahren oder mit Einschließung von gleicher Dauer oder mit Geldstrafe bis zu 10 000 Drachmen bestraft.

Störung von Sitzungen.

Artikel 165.

Wer ohne einen Landfriedensbruch zu begehen die Sitzungen einer kraft Gesetzesvorschrift zur Durchführung von öffentlichen Geschäften zusammengekommenen amtlichen Ratsversammlung oder einer gesetzlich anerkannten Körperschaft oder ihrer Vertreter oder der gesetzlichen Vertreter und Räte einer Stiftung eigenmächtig verhindert oder dieselbe durch Erregung von Lärm oder Unordnung oder auf irgendeine andere Weise stört, wird mit Gefängnis bis zu sechs Monaten oder mit Geldstrafe bis zu 2000 Drachmen bestraft.

Zwölftes Kapitel.

Anschlag auf den Religionsfrieden.

Gotteslästerung.

Artikel 166.

Mit Gefängnis bis zu zwei Jahren oder mit Geldstrafe bis zu 3000 Drachmen wird bestraft, wer öffentlich und böswillig auf irgendeine Weise Gott schmäht.

Beschimpfung von Religionsgesellschaften.

Artikel 167.

Wer öffentlich und böswillig auf irgendeine Weise die Morgenländische Orthodoxe Kirche Christi oder eine andere in Griechenland geduldete Religion schmäht, wird mit Gefängnis bis zu zwei Jahren oder mit Geldstrafe bis zu 3000 Drachmen bestraft.

Störung religiöser Versammlungen usw.

Artikel 168.

Wer es unternimmt, eine von der Verfassung geduldete gottesdienstliche Versammlung oder Feier böswillig zu verhindern, oder wer sie vorsätzlich stört, wird mit Gefängnis bis zu zwei Jahren oder mit Geldstrafe bis zu 3000 Drachmen bestraft.

Ebenso wird bestraft, wer in einer Kirche oder an einem Ort, der zu einer von der Verfassung geduldeten gottesdienstlichen Versammlung bestimmt ist, beschimpfenden Unfug verübt.

Verunglimpfung von Toten.

Artikel 169.

Wer einen Leichnam oder Teile eines Leichnams oder die Asche eines Toten aus dem Gewahrsam der Berechtigten eigenmächtig wegnimmt oder wer daran oder an einer Grabstätte beschimpfenden Unfug verübt, wird mit Gefängnis bis zu zwei Jahren oder mit Geldstrafe bis zu 3000 Drachmen bestraft.

Dreizehntes Kapitel.

Straftaten, die sich auf den Heeresdienst und die Wehrpflicht beziehen.

Aufreizung der Wehrpflichtigen.

Artikel 170.

Wer auf irgendeine Weise vorsätzlich eine im Heere oder in der Flotte dienende Person zur Verletzung einer Dienstpflicht auffordert oder aufreizt, wird mit Gefängnis oder Einschließung bis zu drei Jahren bestraft.

Ebenso wird bestraft, wer vorsätzlich eine militärpflichtige Person auffordert oder aufreizt, der Einberufung, falls diese erfolgen sollte, nicht Folge zu leisten.

Wer in Kriegszeiten die in den vorigen Absätzen bezeichneten Handlungen begeht, wird mit Gefängnis von mindestens sechs Monaten bestraft.

Die in den Absätzen 1, 2 und 3 dieses Artikels enthaltenen Strafen werden nur dann verhängt, wenn die Tat nach einer anderen Gesetzesvorschrift keine schwerere Strafe nach sich zieht.

Künstliche Verursachung einer Untauglichkeit zur Wehrpflicht.

Artikel 171.

Wer vorsätzlich und um sich der Wehrpflicht zu entziehen sich selbst oder durch einen anderen, ganz oder teilweise, dauernd oder vorübergehend durch Verstümmelung oder auf irgendeine andere Weise zum Militärdienst untauglich macht oder machen läßt, wird mit Gefängnis oder Einschließung bis zu zwei Jahren bestraft, neben welchen Strafen das Gericht auch auf Entziehung der bürgerlichen Rechte erkennen kann.

Dieselbe Strafe oder auch Geldstrafe bis zu 3000 Drachmen trifft auch den, der vorsätzlich einen anderen mit dessen Einwilligung auf solch eine Weise untauglich macht, wenn die Handlung nach einer anderen Gesetzesvorschrift nicht mit schwererer Strafe bedroht ist.

Wehrpflichtbetrug.

Artikel 172.

Wer auf Täuschung berechnete Mittel anwendet, um sich oder einen anderen, ganz oder teilweise, dauernd oder vorübergehend der Wehrpflicht zu entziehen, wird, wenn die Tat nach einer anderen Gesetzesvorschrift eine schwerere Strafe nicht nach sich zieht, mit Gefängnis oder Einschließung bis zu einem Jahr bestraft; daneben kann das Gericht auch auf Entziehung der bürgerlichen Rechte erkennen.

Widerrechtliche Auswanderung.

Artikel 173.

Wer ohne Erlaubnis und um sich der Wehrpflicht zu entziehen auswandert, sowie auch wer sich im Auslande befindet und sich nicht rechtzeitig zur Erfüllung der Wehrpflicht stellt, wird mit Gefängnis oder Einschließung bis zu einem Jahr oder mit Geldstrafe bis zu 5000 Drachmen bestraft, wenn die Tat nach einer anderen Gesetzesvorschrift nicht mit schwererer Strafe zu belegen ist.

Wer ohne die nach dem Gesetz über die Militärdienstpflicht erforderliche Erlaubnis auswandert, wird mit Gefängnis oder Einschließung bis zu sechs Monaten oder mit Geldstrafe bis zu 5000 Drachmen bestraft.

Werbung zum Militärdienst eines fremden Staates.

Artikel 174.

Wer einen griechischen Staatsbürger zum Militärdienst eines fremden Staates anwirbt, sowie auch wer ihm auf irgendeine Weise dazu Hilfe leistet, wird mit Gefängnis oder Einschließung bis zu fünf Jahren bestraft.

Vierzehntes Kapitel.

Münzstraftaten.

Geldfälschung.

Artikel 175.

Wer griechisches oder fremdes Metall- oder Papiergeld nachmacht oder verfälscht in der Absicht, dasselbe als echtes in den Verkehr zu bringen, sowie auch wer in dieser Absicht sich solches Geld verschafft, wird mit Zuchthaus und mit Geldstrafe bis zu 10 000 Drachmen und in besonders leichten Fällen mit Gefängnis von mindestens drei Monaten und mit Geldstrafe bis zu 5000 Drachmen bestraft.

Inverkehrbringen falschen Geldes.

Artikel 176.

Wer vorsätzlich falsches Geld als echtes in Verkehr bringt, wird mit Zuchthaus und mit Geldstrafe bis zu 10 000 Drachmen und in besonders leichten Fällen mit Gefängnis von mindestens drei Monaten und mit Geldstrafe bis zu 5000 Drachmen bestraft.

Wenn aber der Täter oder sein Vertreter das Geld als echtes empfangen hatte, ist auf Gefängnis bis zu sechs Monaten oder auf Geldstrafe bis zu 1000 Drachmen zu erkennen.

Auf dieselbe Strafe ist zu erkennen, wenn der Täter im Auftrage desjenigen, dem das Geld als echtes gegeben wurde, gehandelt hat und er zu diesem Auftraggeber im Abhängigkeitsverhältnis steht oder sich mit ihm in häuslicher Gemeinschaft befindet.

Geldverringerung.

Artikel 177.

Wer durch Beschneiden, Durchlochung, Abfeilen oder auf andere Art ein Metallgeldstück seinem inneren Werte nach verringert, um dasselbe, als hätte es seinen vollen inneren Wert, in den Verkehr zu bringen, sowie auch wer in dieser Absicht verringertes Geld sich verschafft, wird mit Gefängnis und mit Geldstrafe bis zu 5000 Drachmen bestraft.

Inverkehrbringen von verringerten Geldstücken.

Artikel 178.

Wer vorsätzlich ein verringertes Geldstück, als hätte es seinen vollen inneren Wert, in Verkehr bringt, wird mit Gefängnis und mit Geldstrafe bis zu 5000 Drachmen bestraft.

Wenn aber der Täter oder sein Vertreter dieses Geldstück als echt angenommen hatten, ist auf Gefängnis bis zu sechs Monaten oder auf Geldstrafe bis zu 1000 Drachmen zu erkennen.

Dieselbe Strafe trifft den Täter, wenn er im Auftrage desjenigen, dem das Geldstück als echt gegeben wurde, gehandelt hat und wenn er zu diesem Auftraggeber im Abhängigkeitsverhältnis steht oder sich in häuslicher Gemeinschaft mit ihm befindet.

Vorbereitungshandlungen.

Artikel 179.

Wer in der Absicht, eine der in Artikel 175 und 177 bezeichneten strafbaren Handlungen zu begehen, irgendwelche zu diesem Zwecke dienliche Mittel, Gerätschaften oder andere Werkzeuge anfertigt oder sich irgendwie verschafft, wird mit Gefängnis bis zu zwei Jahren und mit Geldstrafe bis zu 5000 Drachmen bestraft.

Artikel 180.

Straffrei bleibt, wer in den Fällen des vorigen Artikels aus freiem Willen die in demselben erwähnten Gegenstände vor irgendeinem Gebrauch zerstört.

Einziehung.

Artikel 181.

Die Einziehung des gefälschten oder verringerten Geldes und der in Artikel 179 bezeichneten Mittel, Gerätschaften und Werkzeuge ist auch dann anzuordnen, wenn eine Verfolgung oder Verurteilung einer bestimmten Person nicht stattfindet und ungeachtet, ob es dem Täter oder einem Teilnehmer gehört oder nicht.

Ist es bewiesen, daß der Eigentümer des Geldes oder des Materials, aus dem es hergestellt wurde, an der Fälschung oder Geldverringerung unbeteiligt war, so wird das Geld als solches unbrauchbar gemacht und nach der Unbrauchbarmachung dem Eigentümer zurückgegeben.

Banknoten oder andere gleichstehende Wertpapiere.

Artikel 182.

Dem Papiergeld werden gleichgeachtet bezüglich der Anwendung der in diesem Kapitel vorhandenen Vorschriften Banknoten, Schuldverschreibungen, in denen die Zahlung einer bestimmten Geldsumme versprochen wird, Aktien oder deren Stelle vertretende Interimsscheine, Zins-, Gewinn- oder Erneuerungsscheine, soweit diese Papiere auf den Inhaber lauten und von einem zu ihrer Ausgabe Berechtigten ausgestellt worden sind.

Widerrechtliche Ausgabe von Schuldverschreibungen auf den Inhaber.

Artikel 183.

Wer in Griechenland ohne die zu diesem Zwecke erforderliche Erlaubnis der Regierung Schuldverschreibungen auf den Inhaber, in denen die Zahlung einer bestimmten Geldsumme versprochen wird, in Verkehr bringt, wird mit Gefängnis bis zu zwei Jahren oder mit Geldstrafe bis zu 50 000 Drachmen bestraft.

Fünfzehntes Kapitel.

Straftaten in Beziehung auf Urkunden.

a) Urkundenfälschung.

Artikel 184.

Wer eine fälschlich angefertigte oder verfälschte Urkunde zur Täuschung eines anderen über eine Tatsache, die rechtliche Folgen haben kann, gebraucht, wird mit Gefängnis oder mit Geldstrafe bis zu 5000 Drachmen bestraft.

Wenn der Täter in der Absicht gehandelt hat, sich oder einem anderen durch Schädigung eines Dritten einen Vermögensvorteil zu verschaffen oder einen anderen zu schädigen, so ist auf Zuchthaus bis zu zehn Jahren und in besonders leichten Fällen auf Gefängnis zu erkennen.

Artikel 185.

Eine Urkunde ist im Sinne der Vorschriften dieses Gesetzes jeder Gegenstand, der durch eine Schrift oder dieser durch Gesetz, durch Verkehrssitte oder Vereinbarung gleichgestellte Zeichen einen Gedankeninhalt zum Ausdruck bringt.

Fälschung von Ausweispapieren.

Artikel 186.

Wer in der Absicht, sich oder einem anderen den unmittelbaren Unterhalt, die Fortbewegung oder das gesellschaftliche Fortkommen zu erleichtern, fälschlich angefertigte oder verfälschte Ausweispapiere oder Zeugnisse oder andere Schriftstücke, die gewöhnlich als solche dienen können, gebraucht, wird mit Gefängnis bis zu einem Jahr oder mit Geldstrafe bis zu 2000 Drachmen bestraft.

Ebenso wird bestraft, wer in der gleichen Absicht zwar echte aber für einen anderen ausgestellte Schriftstücke gebraucht.

Fälschung und Mißbrauch von Wertzeichen.

Artikel 187.

Wer amtliche Wertzeichen und insbesondere Post-, Telegraphen- oder Stempelmarken oder andere Steuerzeichen fälschlich anfertigt oder verfälscht, um sie als echte zu gebrauchen, wer wissentlich dieselben als echte gebraucht, sowie auch wer in derselben Absicht falsche Wertzeichen solcher Art sich verschafft, feilbietet oder in Verkehr bringt, wird mit Gefängnis bis zu drei Jahren oder mit Geldstrafe bis zu 5000 Drachmen bestraft.

Wer wissentlich bereits verwendete amtliche Wertzeichen nochmals gebraucht oder in der Absicht der Wiederverwendung erwirbt, feilbietet oder solche in Verkehr bringt, wird mit Gefängnis bis zu einem Jahr oder mit Geldstrafe bis zu 5000 Drachmen bestraft.

Wer in der Absicht, eine der obigen Handlungen auszuführen, dazu dienliche Mittel, Gerätschaften oder Werkzeuge anfertigt, sich verschafft oder einem anderen übergibt, wird mit Gefängnis bis zu sechs Monaten oder mit Geldstrafe bis zu 5000 Drachmen bestraft.

Auf die Einziehung der falschen, wiederverwendeten oder der zur Wiederverwendung bestimmten Wertzeichen muß, hinsichtlich der im vorigen Absatze bezeichneten Mittel, Gerätschaften und Werkzeuge, kann erkannt werden, auch wenn die Verfolgung oder Verurteilung einer bestimmten Person nicht stattfindet.

Artikel 188.

Die Vorschrift des Artikels 180 ist auch auf die in Artikel 187 Absatz 3 vorgesehenen Handlungen entsprechend anzuwenden.

b) Erschleichung einer falschen Bestätigung.

Artikel 189.

Wer es durch Täuschung erreicht, daß in einer öffentlichen Urkunde eine Tatsache, die rechtliche Folgen haben kann, der Wahrheit zuwider bestätigt wird, sowie auch wer eine unrichtige Bestätigung solcher Art zur Täuschung eines anderen über die genannte Tatsache gebraucht, wird mit Gefängnis bis zu zwei Jahren oder mit Geldstrafe bis zu 3000 Drachmen bestraft.

Liegen aber die Bedingungen des Artikels 184 Absatz 2 vor, so ist auf Gefängnis oder auf Geldstrafe bis zu 5000 Drachmen zu erkennen.

c) Unwahre ärztliche Zeugnisse.

Artikel 190.

Ärzte, die wissentlich unwahre Zeugnisse über den Gesundheitszustand einer Person oder ihrer Krankheits- oder Todesursache zum Gebrauch bei einer Behörde oder öffentlichen oder privaten Versicherungsunternehmung ausstellen, werden mit Gefängnis bis zu zwei Jahren und mit Geldstrafe bis zu 3000 Drachmen bestraft.

Mit Gefängnis bis zu einem Jahr oder mit Geldstrafe bis zu 3000 Drachmen wird bestraft, wer von einem unwahren Zeugnis solcher Art zur Täuschung einer Behörde oder einer öffentlichen oder privaten Versicherungsunternehmung Gebrauch macht.

d) Urkundenunterdrückung.

Artikel 191.

Wer in der Absicht, einem anderen Nachteil zuzufügen, eine Urkunde, die ihm nicht oder nicht ausschließlich gehört oder deren Herausgabe oder Vorlegung ein anderer nach den Vorschriften des Zivilrechts zu verlangen berechtigt ist, unterdrückt, beschädigt oder zerstört, wird mit Gefängnis bis zu zwei Jahren oder mit Geldstrafe bis zu 3000 Drachmen bestraft.

e) Veränderung von Grenzzeichen.

Artikel 192.

Wer in der Absicht, einem anderen Nachteil zuzufügen, Grenzzeichen oder andere zur Bezeichnung von Grenzen oder der Höhe und Abteilung des Wassers dienliche Merkmale wegnimmt, unkenntlich macht, verrückt oder fälschlich stellt, wird mit Gefängnis bis zu zwei Jahren oder mit Geldstrafe bis zu 3000 Drachmen bestraft.

Wenn die Tat ohne die besagte Absicht, jedoch vorsätzlich begangen wurde, ist auf Gefängnis bis zu einem Monat oder auf Geldstrafe bis zu 200 Drachmen zu erkennen.

Sechzehntes Kapitel.

Straftaten in Beziehung auf die Rechtspflege.

Meineid.

Artikel 193.

Wer vor einer zuständigen Behörde einen ihm auferlegten Eid oder einen Zeugen- oder Sachverständigeneid wissentlich falsch schwört oder einen von diesen Eiden durch eine unwahre Aussage verletzt, sowie auch wer sich auf den schon geleisteten Eid beruft, aber Unwahres aussagt, wird mit Gefängnis bestraft.

Wenn der Meineid in einem wegen eines Verbrechens eingeleiteten Verfahren begangen wird, ist auf Zuchthaus bis zu zehn Jahren zu erkennen.

Einem Eide wird gleichgeachtet die von den Geistlichen auf ihre Priesterwürde hin abgegebene Versicherung, sowie auch die nach dem Gesetze an Stelle eines Eides gestattete und ihm gleichstehende Beteuerung von Mitgliedern der Religionsgesellschaften, nach deren Grundsätzen eine Eidleistung nicht erlaubt ist.

Artikel 194.

Wer durch irgendein Mittel jemanden zur Begehung der im vorigen Artikel bezeichneten Straftat zu bestimmen versucht, wird mit Gefängnis bis zu drei Jahren bestraft.

Falsche uneidliche Aussage.

Artikel 195.

Wer von einer zuständigen Behörde als Partei, Zeuge oder Sachverständiger uneidlich vernommen wird und trotz der an ihn von seiten der Behörde über die Strafbarkeit der falschen uneidlichen Aussage gerichteten Ermahnung wissentlich falsch aussagt, wird mit Gefängnis bis zu drei Jahren oder mit Einschließung von gleicher Dauer bestraft.

Mit Gefängnis bis zu einem Monat oder mit Einschließung von gleicher Dauer oder mit Geldstrafe bis zu 1000 Drachmen wird in jedem anderen Falle bestraft, wer, falls er von einer Behörde vernommen wird oder sich an sie wendet, wissentlich eine falsche Aussage macht.

Artikel 196.

In den Fällen des Artikels 195 bleibt die Tat straflos, wenn der Täter die falsche Aussage aus freiem Willen und bevor aus ihr eine nachteilige Rechtsfolge für einen anderen entsteht, bei derselben Behörde durch eine neue Aussage widerruft.

Verleitung zu einem falschen Eid.

Artikel 197.

Wer vorsätzlich jemanden zu einer irrtümlichen Ableistung eines falschen Eides oder zu einer Eidesverletzung nach den in Artikel 193 angeführten Fällen verleitet, wird mit Gefängnis bis zu zwei Jahren bestraft.

Falsche Anzeige.

Artikel 198.

Wer gegen einen anderen bei der Behörde wegen einer strafbaren Handlung oder eines Disziplinarvergehens wissentlich eine falsche Anzeige macht in der Absicht, seine Verfolgung wegen einer dieser Taten zu veranlassen, wird mit Gefängnis bestraft.

Ebenso wird bestraft, wer in der gleichen Absicht einen anderen bei der Behörde wissentlich und fälschlich einer strafbaren Handlung oder eines Disziplinarvergehens durch Unterschieben, Verändern oder Unterdrücken eines Beweismittels verdächtigt.

Auf Antrag des Verletzten kann das Gericht diesem die Erlaubnis erteilen, das Urteil auf Kosten des Verurteilten öffentlich bekanntzumachen. Die Art der Bekanntmachung ist in dem Urteil zu bestimmen.

Das Recht der Bekanntmachung auf Kosten des Verurteilten erlischt, wenn dieselbe nicht binnen drei Monaten nach der dem Verletzten gemachten Zustellung des rechtskräftigen Urteils stattfindet.

Begünstigung eines Verbrechers.

Artikel 199.

Wer wissentlich die Bestrafung eines anderen wegen eines von diesem begangenen Verbrechens oder Vergehens vereitelt, wird mit Gefängnis bis zu drei Jahren oder mit Einschließung von gleicher Dauer oder mit Geldstrafe bis zu 3000 Drachmen bestraft. Die Begünstigung bleibt straflos, wenn sie zugunsten eines Angehörigen des Täters begangen worden ist.

Als Angehörige sind anzusehen Verwandte und Verschwägerte gerader Linie, Adoptiveltern und -kinder, Ehegatten und Verlobte, Geschwister und die Ehegatten und Verlobten derselben, sowie auch die Vormünder und Pfleger des Schuldigen und die, die sich unter seiner Vormundschaft oder Pflegschaft befinden.

Verschweigung strafbarer Handlungen.

Artikel 200.

Wer von einem beabsichtigten oder bereits in der Ausführung begriffenen Verbrechen und zu einer solchen Zeit, in der das Verbrechen oder dessen Erfolg noch abgewendet werden kann, in glaubwürdiger Weise Kenntnis erhalten hat und es unterläßt, der Behörde rechtzeitig Anzeige zu machen, wird, wenn dieses Verbrechen tatsächlich vollendet oder versucht worden ist, ungeachtet, ob der Täter sich dadurch eine Strafe zuzieht, mit Gefängnis bis zu drei Jahren oder mit Einschließung von gleicher Dauer oder mit Geldstrafe bis zu 5000 Drachmen bestraft.

Diese Unterlassung bleibt straflos, wenn die an die Behörde zu erstattende Anzeige einen Angehörigen des Unterlassenden betreffen würde. (Artikel 199 Absatz 2.)

Untreue des Rechtsanwalts.

Artikel 201.

Ein Rechtsanwalt oder ein anderer Rechtsbeistand, der vorsätzlich den schädigt, dessen Rechte wahrzunehmen er übernommen hat, wird mit Gefängnis bis zu drei Jahren bestraft.

Wenn er aber im Einverständnis mit der Gegenpartei oder aus Gewinnsucht gehandelt hat, ist die Strafe Gefängnis bis zu fünf Jahren.

Verletzung des Geheimnisses von Gerichtsverhandlungen.

Artikel 202.

Mit Gefängnis bis zu sechs Monaten oder mit Geldstrafe bis zu 2000 Drachmen wird bestraft, wer auf irgendeine Weise einen Bericht über eine Gerichtssitzung, bei der die Öffentlichkeit ausgeschlossen war, oder den Inhalt eines Schriftstücks eines solchen Verfahrens veröffentlicht.

Siebzehntes Kapitel.

Straftaten gegen die Familienordnung und Ehe.

Angriff auf den Familienstand.

Artikel 203.

Wer auf irgendeine Weise den Familienstand eines anderen fälscht oder verschleiert, insbesondere ein Kind unterschiebt, wird mit Gefängnis bestraft.

Ehebetrug.

Artikel 204.

Wer jemand durch arglistige Täuschung zur Eingehung einer nichtigen oder anfechtbaren Ehe verleitet, wird, wenn die Ehe aus diesem Grunde durch rechtskräftiges Urteil für nichtig erklärt worden ist, mit Gefängnis bestraft.

Die Verfolgung tritt nur auf Antrag ein.

Doppelehe.

Artikel 205.

Der Ehegatte, der eine neue Ehe eingegangen ist, bevor die Ehe, in der er sich befindet, aufgelöst oder für nichtig erklärt wurde, sowie auch wer mit ihm wissend, daß die Ehe nicht aufgelöst oder für nichtig erklärt wurde, eine neue Ehe eingeht, wird mit Gefängnis bestraft.

Die Verjährung beginnt mit dem Tage, an dem eine der beiden Ehen aufgelöst oder für nichtig erklärt worden ist.

Ehebruch.

Artikel 206.

Der des Ehebruchs schuldige Ehegatte und sein Mitschuldiger werden, wenn die Ehe wegen des Ehebruchs geschieden worden ist, mit Gefängnis bis zu zwei Jahren bestraft. Die Verfolgung ist nur auf Antrag des Verletzten zulässig.

War zur Zeit der Tat ein Zusammenleben der Ehegatten nicht vorhanden, so kann das Gericht, indem es die besonderen Umstände, unter denen die Tat stattgefunden hat, in Betracht zieht, den Täter von jeglicher Strafe freisprechen.

Verletzung der Unterhaltspflicht.

Artikel 207.

Wer böswillig die ihm obliegende gesetzliche Pflicht zum Unterhalt derart verletzt, daß der Unterhaltsberechtigte in eine Notlage gerät oder die Unterstützung von anderen Personen anzunehmen genötigt ist, wird mit Gefängnis bis zu sechs Monaten oder mit Geldstrafe bis zu 5000 Drachmen bestraft.

Verlassen einer Schwangeren.

Artikel 208.

Wer eine von ihm Geschwängerte, der wegen der Schwangerschaft oder Niederkunft für sich zu sorgen nicht möglich ist, in Not oder in einem hilflosen Zustand verläßt, wird mit Gefängnis bis zu sechs Monaten bestraft.

Achtzehntes Kapitel.

Gemeingefährliche Straftaten.

Brandstiftung.

Artikel 209.

Wer vorsätzlich einen Brand verursacht, wird bestraft:

1. mit Zuchthaus oder Gefängnis von mindestens zwei Jahren, wenn dadurch eine Gemeingefahr für fremde Sachen entstehen kann;
2. mit Zuchthaus, wenn dadurch eine Gefahr für einen Menschen entstehen kann;
3. mit lebenslänglichem Zuchthaus oder mit Zuchthaus von mindestens zehn Jahren, wenn im Falle des vorigen Absatzes der Tod eines Menschen eingetreten ist.

Brandstiftung an Wäldern.

Artikel 210.

Wer vorsätzlich einen Waldbrand verursacht, wird mit Gefängnis von mindestens einem Jahr oder mit Zuchthaus bis zu zehn Jahren bestraft, wenn nach den in Artikel 209 enthaltenen Bedingungen der Fall einer schwereren Bestrafung nicht vorliegt.

Fahrlässige Brandstiftung.

Artikel 211.

Ist eine von den in den Artikeln 209 und 210 bezeichneten Handlungen fahrlässig begangen, so tritt Gefängnis oder Geldstrafe bis zu 5000 Drachmen ein.

Artikel 212.

Der Täter der in Artikel 211 bezeichneten Handlung bleibt straflos, wenn er aus freiem Willen den Brand selbst unterdrückt oder durch seine schleunige Anzeige bei der Behörde die Unterdrückung desselben veranlaßt.

Überschwemmung.

Artikel 213.

Wer vorsätzlich eine Überschwemmung verursacht, wird bestraft:

a) mit Zuchthaus oder Gefängnis von mindestens zwei Jahren, wenn dadurch eine Gemeingefahr für fremde Sachen entstehen kann,

b) mit Zuchthaus, wenn dadurch eine Gefahr für einen Menschen entstehen kann,

c) mit lebenslänglichem oder zeitigem Zuchthaus von mindestens zehn Jahren, wenn in dem Falle des vorigen Absatzes der Tod eines Menschen eingetreten ist.

Artikel 214.

Wer fahrlässig sich der in Artikel 213 bezeichneten Handlung schuldig gemacht hat, wird mit Gefängnis oder Geldstrafe bis zu 5000 Drachmen bestraft.

Explosion.

Artikel 215.

Wer vorsätzlich auf irgendeine Weise und insbesondere durch den Gebrauch von Sprengstoffen eine Explosion verursacht, wird bestraft:

a) mit Zuchthaus oder Gefängnis von mindestens zwei Jahren, wenn dadurch eine Gemeingefahr für fremde Sachen entstehen kann,

b) mit Zuchthaus, wenn dadurch eine Gefahr für einen Menschen entstehen kann,

c) mit lebenslänglichem oder zeitigem Zuchthaus von mindestens zehn Jahren, wenn in dem Falle des vorigen Absatzes der Tod eines Menschen eingetreten ist.

Artikel 216.

Wer fahrlässig sich der in Artikel 215 bezeichneten Handlung schuldig gemacht hat, wird mit Gefängnis oder Geldstrafe bis zu 5000 Drachmen bestraft.

Verletzungen durch Gebrauch usw. von Sprengstoffen.

Artikel 217.

1. Wer Sprengstoffe oder Sprengbomben herstellt, sich verschafft oder in seinem Besitze hat in der Absicht, durch ihren Gebrauch eine Gemeingefahr für fremde Sachen oder für einen Menschen zu verursachen oder diese einem anderen zu einem solchen Ge-

brauche zu überlassen, wird mit Zuchthaus bis zu zehn Jahren oder mit Gefängnis von mindestens einem Jahre bestraft.

2. Wer Sprengstoffe oder Sprengbomben, von denen er weiß oder annehmen muß, daß sie zu dem in Absatz 1 bezeichneten verbrecherischen Gebrauch bestimmt sind, herstellt, wird mit Zuchthaus bis zu acht Jahren oder mit Gefängnis von mindestens sechs Monaten bestraft.

3. Wer Sprengstoffe oder Sprengbomben, von denen er weiß oder annehmen muß, daß sie zu dem in Absatz 1 bezeichneten verbrecherischen Gebrauch bestimmt sind, sich verschafft, übergibt, übernimmt, aufbewahrt, unterdrückt oder befördert, wird mit Gefängnis von mindestens einem Monat bestraft.

4. Wer, obwohl er weiß oder annehmen muß, daß ein anderer den nach Absatz 1 bezeichneten verbrecherischen Gebrauch von Sprengstoffen oder Sprengbomben beabsichtigt, denselben zu ihrer Herstellung anleitet, wird mit Gefängnis bestraft.

Gemeingefährliche Beschädigung.

Artikel 218.

Wer außer den Fällen der Artikel 209, 213 und 215 vorsätzlich die Beschädigung einer eigenen oder fremden beweglichen oder unbeweglichen Sache verursacht, wird, wenn dadurch eine Gemeingefahr für fremde Sachen entstehen kann, mit Gefängnis, wenn aber eine Gefahr für einen Menschen entstehen kann, mit Gefängnis von mindestens zwei Jahren und, wenn in diesem Falle der Tod eines Menschen eingetreten ist, mit Zuchthaus bestraft.

Artikel 219.

Wer fahrlässig sich der in Artikel 218 bezeichneten Handlung schuldig macht, wird mit Gefängnis bis zu drei Jahren oder mit Geldstrafe bis zu 5000 Drachmen bestraft.

Beseitigung von Sicherungsvorrichtungen.

Artikel 220.

Wer in Bergwerken, Fabriken oder anderen derartigen Anlagen, deren Betrieb Gefahr für das Leben der Arbeiter mit sich bringt, die gegen eine solche Gefahr dienenden Sicherungsvorrichtungen vorsätzlich zerstört oder irgendwie unbrauchbar macht oder ihre Tätigkeit unterbricht, wird, wenn dadurch eine Gefahr für einen Menschen entstehen kann, mit Gefängnis von mindestens zwei Jahren bestraft, mit lebenslänglichem oder zeitigem Zuchthaus jedoch, wenn in diesem Fall der Tod eines Menschen eingetreten ist.

Artikel 221.

Wer fahrlässig sich der in Artikel 220 bezeichneten Handlung schuldig gemacht hat, wird mit Gefängnis oder mit Geldstrafe bis zu 5000 Drachmen bestraft.

Herbeiführung eines Schiffbruchs.

Artikel 222.

Wer vorsätzlich das Sinken oder die Strandung eines Schiffes herbeiführt, wird bestraft:

1. mit Zuchthaus oder mit Gefängnis von mindestens zwei Jahren, wenn dadurch eine Gemeingefahr für fremde Sachen entstehen kann;
2. mit Zuchthaus, wenn dadurch eine Gefahr für einen Menschen entstehen kann;
3. mit lebenslänglichem oder zeitigem Zuchthaus von mindestens zehn Jahren, wenn im Falle des vorigen Absatzes der Tod eines Menschen eingetreten ist.

Artikel 223.

Wer fahrlässig sich der in Artikel 222 bezeichneten Handlung schuldig gemacht hat, wird mit Gefängnis oder mit Geldstrafe bis zu 5000 Drachmen bestraft.

Quellen- und Nahrungsmittelvergiftung.

Artikel 224.

Wer vorsätzlich Quellen, Brunnen oder sonstige Wasserleitungen oder Wasserbehälter, Nahrungsmittel oder andere, ähnliche Sachen vergiftet, so daß durch deren Gebrauch ein Schaden für eine unbestimmte Anzahl von Menschen eintreten kann, oder wer einem von diesen Gegenständen andere Stoffe beifügt, die denselben Erfolg herbeizuführen geeignet sind, wird mit Zuchthaus bestraft. Ist dadurch der Tod eines Menschen eingetreten, so kann auf lebenslängliches Zuchthaus erkannt werden.

Artikel 225.

Wer fahrlässig sich der in Artikel 224 bezeichneten Handlung schuldig macht, wird mit Gefängnis oder mit Geldstrafe bis zu 5000 Drachmen bestraft.

Verfälschung von Nahrungsmitteln usw.

Artikel 226.

Wer Nahrungsmittel, Getränke oder Arzneimittel oder andere Gegenstände derart herstellt oder verarbeitet, daß durch ihren Gebrauch ein Schaden für die Gesundheit oder eine Gefahr für das Leben eintreten kann, sowie auch wer solche in Verkehr bringt, wird mit Gefängnis oder mit Geldstrafe bis zu 10 000 Drachmen oder mit beiden Strafen bestraft.

Wird eine dieser Taten fahrlässig begangen, ist auf Gefängnis bis zu einem Jahr oder auf Geldstrafe bis zu 5000 Drachmen oder auf beides zu erkennen.

Vergiftung von Wiesen usw.

Artikel 227.

1. Wer vorsätzlich Weiden, Wiesen, Teiche oder andere Viehtränken vergiftet, wird mit Gefängnis von mindestens sechs Monaten bestraft. Sind jedoch Tiere eines anderen dadurch getötet oder erheblich und auf dauernde Weise geschädigt worden, so kann er mit Zuchthaus bis zu zehn Jahren bestraft werden.
2. Wer fahrlässig sich der in Absatz 1 bezeichneten Handlung schuldig macht, wird mit Gefängnis bis zu zwei Jahren oder mit Geldstrafe bis zu 5000 Drachmen bestraft.

Verbreitung einer Viehkrankheit.

Artikel 228.

1. Wer vorsätzlich eine ansteckende Viehkrankheit verbreitet, wird mit Gefängnis von mindestens sechs Monaten bestraft. Wurden dadurch eines anderen Tiere getötet oder erheblich oder auf dauernde Weise geschädigt, so kann er mit Zuchthaus bis zu zehn Jahren bestraft werden.
2. Wer fahrlässig sich der in Absatz 1 bezeichneten Handlung schuldig gemacht hat, wird mit Gefängnis bis zu zwei Jahren oder mit Geldstrafe bis zu 5000 Drachmen bestraft.

Verletzung der Maßregeln zur Verhütung von Krankheiten.

Artikel 229.

Wer die Maßregeln, die durch Gesetz oder von der zuständigen Behörde zur Verhütung des Einführens oder Verbreitens einer übertragbaren Krankheit angeordnet worden sind, verletzt, wird mit Gefängnis bestraft.

Wurde die Tat fahrlässig begangen, so ist die Strafe Gefängnis bis zu einem Jahr oder Geldstrafe bis zu 5000 Drachmen.

Verletzung der Maßregeln zur Verhütung von Viehseuchen usw.

Artikel 230.

Wer die Maßregeln, die durch Gesetz oder von der zuständigen Behörde zur Verhütung des Einführens oder Verbreitens einer Vieh- oder Pflanzenseuche angeordnet worden sind, verletzt, wird mit Gefängnis bis zu drei Jahren und, wenn er die Tat fahrlässig begangen hat, mit Gefängnis bis zu sechs Monaten oder mit Geldstrafe bis zu 5000 Drachmen bestraft.

Verletzung der Regeln der Baukunde.

Artikel 231.

Wer bei der Leitung oder Durchführung eines Baues oder eines ähnlichen Werkes oder des Abbruchs eines Baues vorsätzlich oder fahrlässig wider die allgemein anerkannten technischen Regeln handelt und auf diese Weise Gefahr für eines Menschen Leben oder Gesundheit hervorruft, wird mit Gefängnis bis zu zwei Jahren oder mit Geldstrafe bis zu 5000 Drachmen bestraft.

Verletzung von Lieferungsverträgen.

Artikel 232.

1. Mit Gefängnis und mit Geldstrafe bis zu 10 000 Drachmen wird bestraft, wer es unterläßt, die gegenüber einer Behörde übernommene Verpflichtung zur Lieferung oder Beförderung von Nahrungsmitteln oder anderen Gegenständen ganz oder teilweise zu erfüllen, und auf diese Weise die Abwendung oder die Beseitigung eines gemeinen Notstandes verhindert.
2. Ebenso werden bestraft weitere Lieferanten jeder Art, unterverpflichtete Unternehmer, Vermittler oder Angestellte desjenigen, der die Lieferung oder Beförderung dieser Gegenstände übernommen hatte, und die durch Verletzung ihrer Verpflichtungen die Erfüllung des Vertrages vereiteln oder erschweren und dadurch die Abwendung oder Beseitigung eines gemeinen Notstandes verhindern.

Verhinderung der Abwendung einer Gemeingefahr.

Artikel 233.

Wer vorsätzlich die zur Abwendung oder Beseitigung einer bestehenden oder nahe bevorstehenden Gemeingefahr nötige Tätigkeit vereitelt oder erschwert, wird, wenn die Tat nach einer anderen Gesetzesvorschrift nicht mit schwererer Strafe bedroht ist, mit Gefängnis bestraft.

Artikel 234.

In den Fällen der Artikel 214, 216, 219, 221, 223, 225, 226 Absatz 2, 227 Absatz 2, 228 Absatz 2, 229 Absatz 2, 230 Absatz 2, 231 bleibt der Täter straffrei, wenn er aus freiem Willen die dadurch entstandene Gefahr abwendet oder durch die schleunige Anzeige bei der Behörde ihre Abwendung veranlaßt.

Neunzehntes Kapitel.

Straftaten gegen die Sicherheit des Verkehrs und gegen gemeinnützige Einrichtungen.

Störung der Verkehrssicherheit.

Artikel 235.

Wer vorsätzlich die Sicherheit des Verkehrs auf Straßen oder Plätzen stört, wird, wenn dadurch eine Gefahr für einen Menschen entstehen kann, mit Gefängnis, wenn aber in diesem Falle der Tod eines Menschen eingetreten ist, mit Zuchthaus bestraft.

Wurde die Tat fahrlässig begangen, so ist auf Gefängnis oder auf Geldstrafe bis zu 5000 Drachmen zu erkennen.

Störung der Sicherheit von Eisenbahnen und Schiffen usw.

Artikel 236.

Wer die Sicherheit des Eisenbahn-, Wasser- oder Luftverkehrs vorsätzlich stört, wird bestraft:

1. mit Zuchthaus oder Gefängnis von mindestens zwei Jahren, wenn dadurch eine Gemeingefahr für fremde Sachen entstehen kann;
2. mit Zuchthaus, wenn dadurch eine Gefahr für einen Menschen entstehen kann;
3. mit lebenslänglichem oder zeitigem Zuchthaus von mindestens zehn Jahren, wenn im Falle des vorigen Absatzes der Tod eines Menschen eingetreten ist.

Wurde die Tat fahrlässig begangen, ist auf Gefängnis oder auf Geldstrafe bis zu 5000 Drachmen zu erkennen.

Verhinderung des Betriebs der Verkehrsanstalten.

Artikel 237.

Wer den Betrieb einer Eisenbahn, einer Post, einer Telegraphen- oder Fernsprechanlage, die für den öffentlichen Gebrauch bestimmt ist, vorsätzlich verhindert, wird mit Gefängnis oder mit Geldstrafe bis zu 10 000 Drachmen bestraft.

Verhinderung des Betriebs anderer gemeinnütziger Einrichtungen.

Artikel 238.

Wer den Betrieb einer Anstalt oder Einrichtung, die zur Versorgung des Publikums mit Wasser, Beleuchtung, Wärme oder Kraft dient, vorsätzlich verhindert, wird mit Gefängnis oder mit Geldstrafe bis zu 10 000 Drachmen bestraft.

Arbeitseinstellung.

Artikel 239.

Mit Gefängnis oder mit Geldstrafe bis zu 10 000 Drachmen wird bestraft, wer während der Dauer seines Dienstvertragsverhältnisses durch Einstellung oder böswillige Verzögerung der Arbeit sich vorsätzlich einer der in den Artikeln 237 und 238 bezeichneten Handlungen schuldig macht.

Veranlassung einer gemeinen Not.

Artikel 240.

Ist durch eine der in den Artikeln 237, 238 und 239 bezeichneten Handlungen eine gemeine Not verursacht worden, so kann auf Zuchthaus erkannt werden.

Verhinderung der Brotversorgung.

Artikel 241.

Wer auf die in Artikel 239 angeführte oder auf irgendeine andere Weise den Betrieb einer zur öffentlichen Versorgung von Brot dienenden Anstalt oder Einrichtung vorsätzlich verhindert, ist, wenn dadurch ein gemeiner Notstand verursacht wird, mit Geldstrafe bis zu 10 000 Drachmen oder mit Gefängnis oder mit Zuchthaus zu bestrafen.

Schiffsgefährdung durch Bannware.

Artikel 242.

Wer vorsätzlich Gegenstände an Bord eines griechischen Schiffes bringt, deren Vorhandensein die Gefahr einer Beschlagnahme oder Einziehung für das Schiff oder die Ladung herbeiführen kann, wird mit Gefängnis bis zu drei Jahren oder mit Geldstrafe bis zu 10 000 Drachmen bestraft.

Die Tat ist strafbar, auch wenn sie außerhalb der Grenzen des Staates begangen worden ist.

In Ansehung der ausländischen Schiffe wird die Handlung bestraft, wenn die Verladung ganz oder zum Teil im Inlande stattgefunden hat.

Verletzung der Schiffahrtsvorschriften.

Artikel 243.

Mit Gefängnis und mit Geldstrafe bis zu 10 000 Drachmen wird bestraft, wer die von der Regierung zur Verhütung des Zusammenstoßes der Schiffe, über die Verpflichtungen der Seeleute im Falle eines solchen Zusammenstoßes oder die in betreff der Regelung der Notsignale für die Schiffe und der Signale für die Lotsen erlassenen Vorschriften vorsätzlich verletzt.

Wurde die Tat fahrlässig begangen, so ist auf Gefängnis bis zu drei Jahren oder auf Geldstrafe bis zu 5000 Drachmen zu erkennen.

Artikel 244.

In den Fällen der Artikel 235 Absatz 2, 236 Absatz 2, 243 Absatz 2 ist die Vorschrift des Artikels 234 entsprechend anzuwenden.

Zwanzigstes Kapitel.

Straftaten im Amte.

Artikel 245.

Der Begriff des Beamten wird bezüglich der Vorschriften dieses Kapitels nach den in Artikel 137 Absatz 3 dieses Gesetzes angeführten Merkmalen bestimmt.

Bestechung für rechtmäßige Amtshandlungen.

Artikel 246.

Ein Beamter, der für eine zukünftige oder schon vorgenommene Tätigkeit oder Unterlassung einer zu seinem amtlichen Wirkungskreis gehörigen Handlung Geschenke oder andere ihm nicht gebührende Vorteile fordert, annimmt oder sich versprechen läßt, wird mit Gefängnis bis zu sechs Monaten oder mit Geldstrafe bis zu 3000 Drachmen bestraft.

Mit Geldstrafe bis zu 1000 Drachmen wird bestraft, wer auf die in Absatz 1 beschriebene Weise einem Beamten oder einem seiner Angehörigen solche Geschenke anbietet, gewährt oder verspricht.

Bestechung für widerrechtliche Amtshandlungen.

Artikel 247.

Ein Beamter, der für eine zukünftige oder schon vorgenommene Amtshandlung oder Unterlassung, die seinen Pflichten zuwiderläuft, Geschenke oder andere ihm nicht gebührende Vorteile fordert, annimmt oder sich versprechen läßt, wird mit Gefängnis von mindestens sechs Monaten bestraft.

Gleichfalls wird mit Gefängnis oder mit Geldstrafe bis zu 5000 Drachmen bestraft, wer auf die in Absatz 1 beschriebene Weise einem Beamten oder einem seiner Angehörigen solche Geschenke oder Vorteile anbietet, gewährt oder verspricht.

Allgemeine Bestimmung.

Artikel 248.

Die Artikel 246 und 247 sind auch dann anzuwenden, wenn eine der in denselben bezeichneten Taten von einem Mitglied der bewaffneten

Macht oder zu seinen Gunsten oder zugunsten eines seiner Angehörigen begangen wurde.

Richterbestechung.

Artikel 249.

Der von dem Gesetz zur Ausübung richterlicher Pflichten Berufene oder der Schiedsrichter wird, wenn er Geschenke oder andere ihm nicht gebührende Vorteile fordert oder annimmt oder sich versprechen läßt, um eine ihm obliegende Rechtssache zugunsten oder zum Nachteil jemandes zu leiten oder zu entscheiden, mit Zuchthaus bis zu zehn Jahren bestraft.

Dieselbe Strafe und bei mildernden Umständen Gefängnis von mindestens einem Monat trifft denjenigen, der in der vorbezeichneten Absicht einer der in Absatz 1 angeführten Personen oder einem ihrer Angehörigen solche Geschenke oder Vorteile anbietet, verspricht oder gewährt.

Unterlassung einer Anzeige wegen Bestechung.

Artikel 250.

Ein Beamter oder ein Mitglied der bewaffneten Macht oder ein gesetzlich zur Ausübung richterlicher Pflichten Berufener oder ein Schiedsrichter, dessen Angehörigem nach der in den Artikeln 246, 247, 248 und 249 beschriebenen Weise ein Geschenk oder ein Vorteil gewährt worden ist, wird, wenn er von der Tat Kenntnis erlangt und es ohne Rechtfertigungsgrund unterlassen hat, dieselbe ohne Verzögerung anzuzeigen, mit den in den Artikeln 246 Absatz 1, 247 Absatz 1 und 249 Absatz 1 vorgeschriebenen Strafen bestraft.

Einziehung von Geschenken.

Artikel 251.

In den Fällen der Artikel 246, 247, 248, 249 ist in der Entscheidung die Einziehung der gegebenen Geschenke oder ihres Wertes anzuordnen.

Mißbrauch der Amtsgewalt.

Artikel 252.

Ein Beamter, zu dessen Amtspflichten die Verfolgung oder Untersuchung von strafbaren Handlungen gehört, wird,

1. wenn er rechtswidrig erpresserische Mittel angewendet hat, um irgendeine schriftliche oder mündliche Aussage eines Beschuldigten, eines Zeugen oder eines Sachverständigen zu erreichen, mit Gefängnis nicht unter einem Jahr, bei mildernden Umständen mit Gefängnis von mindestens einem Monat,
2. wenn er wissentlich einen Unschuldigen einer Verfolgung oder Bestrafung ausgesetzt oder die Verfolgung eines Schuldigen

unterlassen oder seine Straffreiheit herbeigeführt hat, mit Zuchthaus bis zu zehn Jahren und bei mildernden Umständen mit Gefängnis nicht unter einem Monat bestraft.

Verletzung von Strafvollstreckungsvorschriften.

Artikel 253.

Ein Beamter, zu dessen Amtspflichten die Vollstreckung von Strafen gehört, wird, wenn er wissentlich und rechtswidrig eine Strafvollstreckung entweder unternommen oder unterlassen hat, mit Gefängnis von mindestens einem Monat bestraft.

Ist die rechtswidrige Vollstreckung fahrlässig herbeigeführt, so ist auf Gefängnis bis zu einem Jahr oder auf Einschließung von gleicher Dauer oder auf Geldstrafe bis zu 1000 Drachmen zu erkennen.

Verletzung des häuslichen Asyls.

Artikel 254.

Ein Beamter, der außer den im Gesetz vorgeschriebenen Fällen und ohne die Beobachtung der gesetzlich vorgeschriebenen Förmlichkeiten in seiner amtlichen Eigenschaft in die Wohnung eines anderen gegen dessen Willen eindringt, wird mit Gefängnis bis zu sechs Monaten bestraft.

Falsche urkundliche Bestätigung, Verfälschung usw.

Artikel 255.

Ein Beamter, zu dessen Amtspflichten die Herausgabe oder Abfassung bestimmter öffentlicher Urkunden gehört und der in einer Urkunde solcher Art vorsätzlich eine Tatsache, die rechtliche Folgen haben kann, falsch bestätigt, wird mit Gefängnis bestraft.

Dieselbe Strafe trifft den Beamten, der vorsätzlich eine ihm anvertraute oder ihm infolge seines Dienstes zugängliche Urkunde verfälscht, zerstört, beschädigt, beiseiteschafft oder unterdrückt.

Wenn aber der Täter einer der in den Absätzen 1 und 2 bezeichneten Handlungen in der Absicht gehandelt hat, sich oder einem anderen einen unerlaubten Vorteil zu verschaffen, oder einen anderen rechtswidrig zu schädigen, so ist die Strafe Zuchthaus bis zu zehn Jahren und bei mildernden Umständen Gefängnis von mindestens drei Monaten.

Unterlassung der Feststellung der Identität.

Artikel 256.

Ein Beamter, zu dessen Amtspflichten die Ausgabe oder Abfassung öffentlicher Urkunden gehört, wird, wenn er es unterlassen hat, sich die nach dem Gesetz erforderliche Gewißheit über die Identität einer in der Urkunde angeführten Person zu verschaffen, mit Gefängnis von einem bis zu drei Monaten bestraft.

Bedrückung.

Artikel 257.

Ein Beamter, der wissentlich nicht geschuldete Steuern, Abgaben, Gebühren oder andere Leistungen oder Gerichtskosten erhebt oder irgendwelche Ansprüche geltend macht, wird mit Gefängnis oder mit Geldstrafe bis zu 5000 Drachmen bestraft.

Artikel 258.

Die im vorigen Artikel angedrohten Strafen sind auch auf diejenigen Beamten anzuwenden, die die Einziehung einer der darin angeführten Abgaben den von ihnen angestellten Schreibern oder Gehilfen überlassen, wenn diese mit Wissen des Beamten eine nicht geschuldete Abgabe erheben.

Diese Schreiber und Gehilfen, die wissentlich eine nicht geschuldete Abgabe erheben, werden mit Gefängnis bis zu zwei Jahren oder mit Geldstrafe bis zu 1000 Drachmen bestraft.

Artikel 259.

Mit Gefängnis oder mit Geldstrafe bis zu 5000 Drachmen wird derjenige Beamte bestraft, der bei der Übergabe von Geldern oder anderen Sachen wissentlich und vorsätzlich die zu übergebenden Gelder oder Sachen ganz oder zum Teil zurückbehält.

Streik von öffentlichen Beamten.

Artikel 260.

Beamte, die nach gemeinsamer Beratung und Beschlußfassung entweder ihre Entlassung vom Dienste eingereicht haben oder ihren Dienst verlassen haben in der Absicht, den Betrieb einer öffentlichen Dienststelle zu unterbrechen oder zu verhindern, werden mit Gefängnis bestraft.

Strafbare Handlungen von Postbeamten.

Artikel 261.

Ein Postbeamter, der rechtswidrig einen Brief oder einen anderen der Post anvertrauten und ihm infolge seines Dienstes zugänglichen Gegenstand öffnet, beiseiteschafft oder vernichtet oder wissentlich einem anderen die Begehung einer solchen Handlung gestattet oder ihm zu dieser behilflich ist oder den Inhalt eines solchen geschlossenen Gegenstandes, den er infolge seines Dienstes kennt, einem Dritten bekannt gibt, wird mit Gefängnis bis zu drei Jahren bestraft.

Strafbare Handlungen von Telegraphenbeamten.

Artikel 262.

Ein Telegraphenbeamter, der rechtswidrig ein einem Telegraphenamt anvertrautes und ihm infolge seines Dienstes zugängliches Telegramm, öffnet, beiseiteschafft oder vernichtet oder einem anderen wissentlich die Begehung einer solchen Handlung gestattet oder ihm zu dieser behilflich ist oder der den Inhalt eines solchen Telegrammes, den er infolge seines Dienstes kennt, einem anderen bekannt gibt, wird mit Gefängnis bis zu drei Jahren bestraft.

Strafbare Handlungen von Telephonbeamten.

Artikel 263.

Ein Telephonbeamter, der den Inhalt einer telephonisch erfolgten Mitteilung, die ihm infolge seines Dienstes bekannt ist, einem Dritten rechtswidrig bekannt gibt oder wissentlich einem Dritten das Anhören einer solchen Mitteilung gestattet, wird mit Gefängnis bis zu drei Jahren bestraft.

Bruch des Gerichtsgeheimnisses.

Artikel 264.

Der zur Erfüllung richterlicher Pflichten gesetzlich Berufene, welcher einem anderen Geheimnisse einer Beratung oder Abstimmung, an der er teilgenommen hat, mitteilt, wird mit Gefängnis bestraft.

Dieselbe Strafe trifft denjenigen, der bei einer solchen Beratung oder Abstimmung infolge seiner amtlichen Pflichten zugegen ist, wenn er einem anderen Geheimnisse einer solchen Beratung oder Abstimmung mitteilt.

Bruch des Amtsgeheimnisses.

Artikel 265.

Ein Beamter, der außer den Fällen der Artikel 261, 262, 263 und 264 seinen Amtspflichten zuwider

1. eine Tatsache, die ihm nur durch sein Amt bekannt geworden ist oder
2. den Inhalt eines Schriftstücks, das ihm infolge seines Amts anvertraut oder zugänglich ist, einem anderen mitgeteilt hat, wird, wenn er eine dieser Handlungen in eigennütziger Absicht ausgeführt hat oder wenn dadurch der Staat oder eine andere Person geschädigt worden ist, mit Gefängnis bestraft.

Verschweigung eines Ablehnungsgrundes.

Artikel 266.

Ein Beamter, für den in einer Sache ein seine Person nach dem Gesetz betreffender Ablehnungsgrund vorliegt, wird, wenn er wissentlich diesen Umstand verschweigt und in dieser Sache in seiner amtlichen Eigenschaft handelt und wenn er dies in der Absicht getan hat, sich oder einem anderen einen unerlaubten Vorteil zu verschaffen oder einen anderen zu schädigen, mit Gefängnis nicht unter einem Monat bestraft.

Unerlaubte Beteiligung.

Artikel 267.

Ein Beamter, der auf unmittelbare oder mittelbare Weise und insbesondere durch Unterschieben einer anderen Person oder durch verhüllte Handlungen an Versteigerungen, Verpachtungen, Vergebungen oder an irgendeiner Handlung teilnimmt, die er in Ausübung seines Amtes vornimmt, wird mit Gefängnis bis zu zwei Jahren und mit Geldstrafe bis zu 5000 Drachmen bestraft.

Untreue im Amte.

Artikel 268.

Ein Beamter, der bei der Festsetzung, Erhebung oder Verwaltung von Steuern, Abgaben, Gebühren oder anderen Leistungen oder irgendwelchen Einnahmen das seiner Verwaltung anvertraute staatliche oder gemeindliche Vermögen entweder zu seinem Vorteil oder zu dem eines anderen wissentlich verkürzt, ist mit Gefängnis nicht unter drei Monaten und, wenn diese Verkürzung von besonders großem Wert ist, mit Zuchthaus bis zu zehn Jahren zu bestrafen.

Ausbeutung von anvertrauten Geldern oder Sachen.

Artikel 269.

Ein Beamter, der ohne den Vorsatz der Unterschlagung oder Untreue die ihm wegen seines Amtes anvertrauten Gelder oder Sachen auf Zinsen anlegt oder auf eine andere Weise zu seinem Vorteil gebraucht oder einem anderen zum Gebrauch überläßt, ist mit Geldstrafe bis zu 5000 Drachmen oder mit Gefängnis bis zu zwei Jahren zu bestrafen.

Unterschlagung im Amte.

Artikel 270.

Ein Beamter, der sich rechtswidrig Gelder oder andere bewegliche Sachen, die er in seiner Amtseigenschaft empfangen oder in seinem Besitz hat, zueignet, wird mit Gefängnis nicht unter drei Monaten bestraft; ist der Gegenstand der strafbaren Handlung von besonders großem Wert oder hat er besondere Kunstgriffe angewendet, durch die es ihm möglich war, die Tat auf verhältnismäßig lange Zeit fortzusetzen, so ist auf Zuchthaus bis zu zehn Jahren zu erkennen.

Verletzung der Amtspflicht.

Artikel 271.

Ein Beamter, der vorsätzlich seine Amtspflichten in der Absicht verletzt, sich oder einem anderen einen rechtswidrigen Vorteil zu verschaffen oder dem Staat oder einer anderen Person Schaden zuzufügen, ist, wenn die Tat nicht nach der Vorschrift eines anderen Gesetzes mit Strafe bedroht wird, mit Gefängnis bis zu zwei Jahren zu bestrafen.

Ungehorsam einer Militärperson gegenüber einer Zivilbehörde.

Artikel 272.

Ein Militärbefehlshaber, Offizier oder Unteroffizier, der es unterläßt, die seinem Befehle unterstehende bewaffnete Macht aufzubieten und zu gebrauchen, obwohl er hierzu rechtmäßig von der zuständigen Zivilbehörde aufgefordert worden ist, wird mit Gefängnis bis zu drei Jahren bestraft.

Verleitung Untergebener zu Amtsstraftaten und Duldung von solchen.

Artikel 273.

Ein Beamter, der einen anderen ihm untergebenen oder seiner amtlichen Aufsicht unterstehenden Beamten zur Begehung einer der in den Artikeln 246 bis einschließlich 272 angeführten Straftaten zu bestimmen versucht oder wissentlich die Ausführung einer dieser Handlungen durch diesen geschehen läßt, wird, wenn die Tat nach einer anderen Vorschrift des Strafgesetzes nicht mit schwererer Strafe bedroht ist, mit Gefängnis bis zu zwei Jahren bestraft.

Allgemeine Bestimmungen.

Artikel 274.

Wenn ein Beamter in der Ausübung seines Amtes oder durch Ausnützung seiner amtlichen Eigenschaft sich eines vorsätzlichen Verbrechens oder Vergehens, das in einem anderen Kapitel dieses Gesetzes enthalten ist, schuldig macht, so wird das Höchstmaß der im Gesetz für diese Handlung vorgeschriebenen Strafe um die Hälfte erhöht, doch darf diese Erhöhung das für eine jede Strafart allgemein bestimmte Höchstmaß nicht übersteigen.

Artikel 275.

Wenn das Gericht wegen einer der in den Art. 246 bis einschließlich 273 enthaltenen Taten eine Gefängnisstrafe nicht unter drei Monaten verhängt, so kann es dem Verurteilten zugleich auch für ein bis fünf Jahre die Fähigkeit, überhaupt ein öffentliches oder gemeindliches Amt oder deren eins oder mehrere bestimmte zu erlangen, aberkennen.

Einundzwanzigstes Kapitel.

Straftaten gegen das Leben.

Mord.

Artikel 276.

Wer vorsätzlich einen anderen getötet hat, wird wegen Mordes mit dem Tode oder mit lebenslänglichem Zuchthaus bestraft; sind jedoch mildernde Umstände vorhanden, so ist die Strafe zeitiges Zuchthaus nicht unter zehn Jahren.

Totschlag.

Artikel 277.

Wer einen anderen in aufwallender Gemütsbewegung zu töten beschlossen hat und in diesem Zustand die Tat ausgeführt hat, wird mit zeitigem Zuchthaus und bei mildernden Umständen mit Gefängnis nicht unter drei Jahren bestraft.

Tötung mit Einwilligung.

Artikel 278.

Wer eine Tötung auf das ernstliche und dringende Verlangen des Verletzten oder aus Mitleid mit ihm, wenn dieser an einer unheilbaren Krankheit leidet, beschlossen und ausgeführt hat, wird mit Gefängnis oder mit Einschließung bis zu fünf Jahren bestraft.

Teilnahme an einem Selbstmord.

Artikel 279.

Wer einen anderen vorsätzlich zu einem Selbstmord überredet hat, ferner wer dazu Hilfe geleistet hat, wird, wenn der Selbstmord vollendet oder versucht worden ist, mit Gefängnis bestraft.

Fahrlässige Tötung.

Artikel 280.

Wer fahrlässig den Tod eines anderen verursacht, wird mit Gefängnis bis zu drei Jahren oder mit Einschließung von gleicher Dauer bestraft. War jedoch der Täter infolge seines Amtes oder Berufes zu besonderer Sorgfalt verpflichtet, so ist auf Gefängnis bis zu fünf Jahren oder auf Einschließung von gleicher Dauer zu erkennen.

Kindestötung.

Artikel 281.

Eine Mutter, die bei der Geburt oder zwar nach der Geburt, jedoch während die durch den Geburtsvorgang hervorgerufene Störung des Organismus fortdauerte, ihr uneheliches Kind vorsätzlich getötet hat, ist mit Zuchthaus bis zu zehn Jahren und bei mildernden Umständen mit Gefängnis nicht unter sechs Monaten zu bestrafen.

Abtreibung.

Artikel 282.

Eine Schwangere, die ihre Leibesfrucht vorsätzlich durch Abtreibung oder auf andere Weise tötet oder durch einen anderen töten läßt, wird mit Zuchthaus bis zu zehn Jahren und bei mildernden Umständen mit Gefängnis von mindestens sechs Monaten bestraft.

Ebenso wird bestraft, wer den Tod der Frucht mit Einwilligung der Schwangeren herbeiführt oder dieser die dazu dienlichen Mittel verschafft. Hat der Täter gegen Bezahlung gehandelt, so wird er mit zeitigem Zuchthaus bestraft.

Wer den Tod der Frucht ohne Wissen oder ohne Willen der Schwangeren vorsätzlich herbeiführt, wird mit zeitigem Zuchthaus und bei mildernden Umständen mit Gefängnis von mindestens einem Monat bestraft.

Straffrei ist die Abtreibung, die ein Arzt ausführt, um eine anders nicht zu beseitigende Gefahr für das Leben oder eine ernstliche und dauernde Gesundheitsschädigung der Schwangeren abzuwenden.

Artikel 283.

Wer öffentlich oder durch Inverkehrbringen von Schriften, Bildern oder Darstellungen, wenn auch in verschleiernder Weise, Arzneimittel oder andere Gegenstände als zur Abtreibung geeignet ankündigt oder anpreist oder in gleicher Weise seine eigenen Dienste oder die eines anderen zur Begehung oder Förderung der Abtreibung anbietet, wird mit Gefängnis bis zu einem Jahr oder mit Geldstrafe bis zu 5000 Drachmen oder mit beiden Strafen bestraft.

Aussetzung.

Artikel 284.

Wer einen anderen aussetzt und ihn dadurch in eine hilflose Lage bringt, sowie auch wer eine Person, die unter seinem Schutz steht oder zu deren Unterhalt und Pflege oder Fortschaffung er verpflichtet ist, oder eine Person, die er schuldhaft verletzt hat, vorsätzlich in hilfloser Lage läßt, ist mit Gefängnis von mindestens sechs Monaten zu bestrafen.

Ist infolge der Tat eine schwere Gesundheitsschädigung des Verletzten eingetreten, so ist auf Zuchthaus bis zu zehn Jahren, und wenn durch die Tat der Tod des Verletzten eingetreten ist, auf Zuchthaus nicht unter sechs Jahren zu erkennen.

Zweiundzwanzigstes Kapitel.

Körperverletzungen.

Einfache Körperverletzung.

Artikel 285.

Wer einen anderen vorsätzlich körperlich mißhandelt oder an der Gesundheit schädigt, wird mit Gefängnis bis zu drei Jahren oder mit Einschließung von gleicher Dauer oder mit Geldstrafe bis zu 5000 Drachmen bestraft.

Der Täter kann jedoch von jeder Strafe freigesprochen werden, wenn er durch gerechtfertigte Entrüstung über eine vor seinen Augen begangene besonders harte oder rohe Handlung des Verletzten zu der Tat hingerissen worden ist.

Gefährliche Körperverletzung.

Artikel 286.

Ist die im vorigen Artikel bezeichnete Handlung in einer Weise begangen worden, daß dadurch eine Gefahr für das Leben des Verletzten oder eine schwere Körperverletzung (Artikel 287) entstehen konnte, so ist die Strafe Gefängnis von mindestens vier Monaten, bei mildernden Umständen aber Gefängnis bis zu drei Jahren oder Einschließung von gleicher Dauer oder Geldstrafe bis zu 5000 Drachmen.

Schwere Körperverletzung.

Artikel 287.

Hatte die in Artikel 285 bezeichnete Handlung ein schweres körperliches oder geistiges Leiden des Verletzten zur Folge, so ist auf Gefängnis von mindestens zwei Jahren und bei mildernden Umständen auf Gefängnis von mindestens fünf Monaten zu erkennen.

Ein schweres körperliches oder geistiges Leiden liegt insbesondere vor, wenn infolge der Tat der Verletzte in Lebensgefahr geraten oder in schwere und langdauernde Krankheit verfallen oder erheblich verstümmelt oder sonst in dem Gebrauch seines Körpers oder Geistes auf lange Zeit schwer behindert worden ist.

War der eingetretene Erfolg von dem Täter beabsichtigt, so ist auf Zuchthaus bis zu zehn Jahren zu erkennen.

Tödliche Verletzung.

Artikel 288.

Hatte die Körperverletzung (Artikel 285) den Tod des Verletzten zur Folge, so ist die Strafe Zuchthaus bis zu zehn Jahren, bei mildernden Umständen jedoch Gefängnis von mindestens sechs Monaten.

Körperverletzung von Minderjährigen usw.

Artikel 289.

Wer mittels fortgesetzter harter oder böswilliger Behandlung eine noch nicht achtzehn Jahre alte oder wehrlose Person, die unter seiner Fürsorge und seinem Schutze steht oder seinem Hausstande angehört oder die der Fürsorgepflichtige der Gewalt des Täters überlassen hat, körperlich mißhandelt oder an ihrer Gesundheit schädigt, wird mit Gefängnis nicht unter drei Monaten bestraft.

Raufhandel.

Artikel 290.

Ist infolge einer Rauferei oder eines von mehreren gemachten Angriffs der Tod oder eine schwere Körperverletzung (Art. 287) eines Menschen eingetreten ist, so ist jeder, der sich an der Rauferei oder an dem Angriff beteiligt hat, wegen dieser bloßen Beteiligung, es sei denn, er wäre ohne sein Verschulden hineingezogen worden, mit Gefängnis bis zu drei Jahren zu bestrafen.

Fahrlässige Körperverletzung.

Artikel 291.

Wer fahrlässig einen anderen körperlich mißhandelt oder an der Gesundheit schädigt, ist mit Geldstrafe bis zu 3000 Drachmen oder mit Gefängnis bis zu zwei Jahren oder mit Einschließung von gleicher Dauer zu bestrafen.

War jedoch der Täter infolge seines Amtes oder Berufes zu besonderer Sorgfalt verpflichtet, so ist auf Geldstrafe bis zu 5000 Drachmen oder auf Gefängnis bis zu drei Jahren oder auf Einschließung von gleicher Dauer zu erkennen.

Strafantrag.

Artikel 292.

In den Fällen der Artikel 285 und 291 Abs. 1 tritt die Verfolgung nur auf Antrag ein.

Ist der Verletzte im Falle des Artikel 285 ein öffentlicher oder gemeindlicher Beamter oder eine zur bewaffneten Macht gehörende Person, und wurde diese Tat während der Ausübung ihres Berufs oder aus Gründen, die sich auf ihren Beruf beziehen, begangen, so sind auch ihre Vorgesetzten zu dem Antrag berechtigt.

Dreiundzwanzigstes Kapitel.

Zweikampf.

Herausforderung zum Zweikampf.

Artikel 293.

Wer jemanden zum Zweikampf mit Waffen herausfordert, sowie auch wer eine solche Herausforderung angenommen hat, wird mit Gefängnis bis zu sechs Monaten oder mit Einschließung von gleicher Dauer bestraft.

Dieselbe Strafe trifft denjenigen, der die Herausforderung nicht angenommen, es aber unterlassen hat, der Behörde binnen sieben Tagen davon Anzeige zu machen.

Hat einer der Gegner den Zweikampf vor jedem Beginn aus eigenem Willen vereitelt, so ist er straffrei.

Zweikampf.

Artikel 294.

Der Zweikampf mit Waffen wird mit Gefängnis nicht unter sechs Monaten oder mit Einschließung von sechs Monaten bis zu fünf Jahren bestraft.

Sollte nach den vereinbarten Bedingungen der Zweikampf bis zum Eintritt des Todes eines der Gegner durchgeführt werden, so ist auf Gefängnis von mindestens einem Jahr oder auf Einschließung von einem bis zu fünf Jahren zu erkennen.

Wer seinen Gegner im Zweikampf getötet hat, wird mit Gefängnis von zwei bis zu fünf Jahren oder mit Einschließung von gleicher Dauer, in dem Falle des vorigen Absatzes jedoch mit Gefängnis von drei bis zu fünf Jahren oder mit Einschließung von gleicher Dauer bestraft.

Derjenige der Gegner, der den Zweikampf durch schweren und ungerechtfertigten Schimpf veranlaßt hat, wird im Falle des ersten Absatzes mit Gefängnis nicht unter einem Jahr, im Falle des zweiten Absatzes mit Gefängnis nicht unter zwei Jahren und im Falle des dritten Absatzes mit Gefängnis nicht unter drei Jahren bestraft.

Wer vorsätzlich die hergebrachten oder vereinbarten Regeln des Zweikampfes verletzt und dadurch seinen Gegner getötet oder verwundet hat, wird nach den Vorschriften dieses Strafgesetzes über Tötung oder Körperverletzung bestraft, wenn nach den Vorschriften dieses Kapitels die Tat eine schwerere Strafe nicht nach sich zieht.

Zweikampf, bei dem eine Lebensgefahr ausgeschlossen ist.

Artikel 295.

Hat der Zweikampf unter Vorkehrungen stattgefunden, die zur Abwendung von Lebensgefahr geeignet waren, und in dieser Absicht getroffen wurden, so ist auf Gefängnis bis zu einem Jahr oder auf Einschließung von gleicher Dauer zu erkennen.

Strafe der Gehilfen.

Artikel 296.

Zeugen oder andere Helfer eines Zweikampfes sowie auch Mitglieder eines Ehrenrats, welcher zusammengekommen war, um sich über das Stattfinden oder Nichtstattfinden des Zweikampfs auszusprechen, werden als Gehilfen bestraft.

Straffrei bleibt jedoch der Zeuge, der zu der Vereitelung des Zweikampfs beigetragen hat.

Straffrei sind ebenfalls die zugezogenen Ärzte.

Aufreizung zum Zweikampf.

Artikel 297.

Wer jemanden zum Zweikampf mit einem Dritten aufreizt, sei es durch die Drohung, er werde sich seiner Verachtung oder der eines anderen aussetzen, sei es auf irgendeine andere Weise, wird mit Gefängnis bis zu sechs Monaten oder mit Einschließung von gleicher Dauer bestraft.

Dieselbe Strafe trifft denjenigen, der einem anderen Verachtung bezeigt, weil dieser es unterlassen hat, einen Dritten herauszufordern oder eine solche Forderung nicht angenommen hat.

Veröffentlichungen, die sich auf einen Zweikampf beziehen.

Artikel 298.

Der Leiter einer Zeitung oder periodischen Druckschrift, in der eine auf die Aufforderung oder auf die Ausführung eines Zweikampfes sich beziehende Veröffentlichung gebracht wird, ist mit Gefängnis bis zu drei Monaten oder mit Einschließung von gleicher Dauer zu bestrafen.

Vorliegende Vorschrift findet auf eine einfache Meldung eines durch Zweikampf eingetretenen Todesfalles keine Anwendung.

Vierundzwanzigstes Kapitel.

Straftaten gegen die persönliche Freiheit.

Menschenraub.

Artikel 299.

Wer sich eines Menschen durch List oder Gewalt bemächtigt, so daß derselbe dem Schutze des Staates entzogen wird, und insbesondere wer jemanden in Sklaverei oder in einen anderen ähnlichen Zustand der Freiheitsentziehung versetzt, wird mit Zuchthaus bestraft.

Sklavenhandel.

Artikel 300.

Wer Sklavenhandel betreibt, wird mit Zuchthaus bestraft. Dieselbe Strafe trifft den Eigentümer und den Kapitän eines Schiffes, durch das mit ihrem Wissen eine Beförderung von Sklaven unternommen wird. Wer irgendeinen Dienst auf einem Schiff übernimmt und weiß, daß dieses zum Sklavenhandel bestimmt ist oder schon zu diesem Zweck verwendet wird, sowie auch wer mit seinem Willen in diesem Dienst verbleibt, obwohl er die besagte Bestimmung oder Verwendung des Schiffes kennt, wird mit Gefängnis nicht unter sechs Monaten bestraft.

Wer in unmittelbarer oder mittelbarer Weise zur Verfrachtung eines Schiffes beiträgt, obwohl er weiß, daß durch diese Verfrachtung die Betreibung eines Sklavenhandels beabsichtigt wird, ist mit Gefängnis nicht unter sechs Monaten zu bestrafen.

Wer Sklaven von einem Ort zum andern zwar ohne die Absicht des Sklavenhandels befördert, ohne jedoch diese Beförderung zum Zwecke der Befreiung zu unternehmen, wird mit Gefängnis bestraft.

Ebenso wird bestraft der Eigentümer und der Kapitän eines Schiffes, durch das eine solche Beförderung mit ihrem Wissen unternommen wird.

Minderjährigenraub.

Artikel 301.

Wer einen Minderjährigen den Eltern, den Vormündern oder den für die Sorge seiner Person Berechtigten entzieht oder wer mit Willen des Minderjährigen diesen unterstützt, aus der Gewalt der oben beschriebenen Personen zu entfliehen, wird mit Gefängnis bis zu drei Jahren oder mit Einschließung von gleicher Dauer bestraft. Wenn der Täter die Handlung aus Gewinnsucht ausgeführt hat oder, um den Minderjährigen zu unsittlichen Beschäftigungen zu gebrauchen, wird er mit Zuchthaus bis zu zehn Jahren und bei mildernden Umständen mit Gefängnis nicht unter sechs Monaten bestraft.

Widerrechtliches Gefangenhalten.

Artikel 302.

Wer jemanden vorsätzlich wider seinen Willen einsperrt oder auf eine andere Weise der Freiheit der Bewegung beraubt, wird mit Gefängnis oder mit Einschließung von gleicher Dauer oder mit Geldstrafe bis zu 5000 Drachmen bestraft; hat jedoch die Gefangenhaltung lange Zeit gedauert, so ist auf Zuchthaus bis zu zehn Jahren oder auf Einschließung von fünf bis zu zehn Jahren zu erkennen.

Verfassungswidriges Gefangenhalten.

Artikel 303.

Wer eine der im Artikel 5 Absatz 1, 2, 3, 4 der Staatsverfassung enthaltenen Vorschriften verletzt, wird mit den im vorigen Artikel festgesetzten Strafen belegt.

Entführung wider Willen.

Artikel 304.

Wer eine weibliche Person, um sie zur Ehe oder zur Unzucht zu bringen, wider ihren Willen entführt oder widerrechtlich gefangen hält (Artikel 302), oder wer eine weibliche Person entführt oder gefangenhält, die geisteskrank oder wegen Bewußtseinsverlust oder geistiger Unvollkommenheit oder aus anderen Gründen zum Widerstand unfähig ist, wird, wenn er beabsichtigt, sie zu ehelichen, mit Gefängnis und, wenn er beabsichtigt, sie zur Unzucht zu bringen, mit Zuchthaus bis zu zehn Jahren und bei mildernden Umständen mit Gefängnis nicht unter sechs Monaten bestraft.

Die Strafverfolgung tritt nur auf Antrag ein.

Entführung mit Einwilligung.

Artikel 305.

Wer eine unverheiratete und minderjährige weibliche Person, um sie zur Ehe oder zur Unzucht zu bringen, mit ihrem Willen, jedoch ohne die Einwilligung der Personen, deren Gewalt sie untersteht, oder derer, die für sie zu sorgen berechtigt sind, entführt oder gefangen hält, wird, wenn er beabsichtigt, sie zu ehelichen, mit Gefängnis bis zu drei Jahren oder mit Geldstrafe bis zu 5000 Drachmen und wenn er beabsichtigt, sie zur Unzucht zu bringen, mit Gefängnis bestraft.

Die Strafverfolgung tritt nur auf Antrag ein.

Allgemeine Bestimmung.

Artikel 306.

Wenn in den Fällen der Artikel 304 und 305 der Schuldige oder einer der Mitschuldigen die Entführte geheiratet hat, so ist die Strafverfolgung nur dann zulässig, wenn die Ehe für nichtig erklärt worden ist.

Widerrechtliche Gewalt.

Artikel 307.

Wer durch Anwendung von körperlicher Gewalt oder Drohung mit solcher Gewalt oder einer anderen rechtswidrigen Handlung oder Unterlassung einen anderen zu einer Handlung, Unterlassung oder Duldung nötigt, zu der der Verletzte nicht verpflichtet ist, wird mit Gefängnis bis zu zwei Jahren oder mit Einschließung von gleicher Dauer oder mit Geldstrafe bis zu 3000 Drachmen bestraft.

Selbsthilfe.

Artikel 308.

Wer einen Rechtsanspruch, den er wirklich hat oder den er sich aus Überzeugung anmaßt, eigenmächtig in Vollzug setzt, wird mit Gefängnis bis zu drei Monaten oder mit Einschließung von gleicher Dauer oder mit Geldstrafe bis zu 3000 Drachmen bestraft.

Koalitionszwang.

Artikel 309.

Wer durch Gewalt oder Drohung jemanden nötigt, an einer Vereinigung teilzunehmen, deren Ziel es ist, mittels gruppenweiser Einstellung der Arbeit die Abänderung des Arbeitsvertrages zu erreichen, oder jemanden hindert, von einer solchen Vereinigung zurückzutreten, wird mit Gefängnis bis zu einem Jahr oder mit Geldstrafe bis zu 3000 Drachmen bestraft.

Bedrohung.

Artikel 310.

Wer einen anderen durch Drohung mit Gewalt oder mit einer anderen rechtswidrigen Handlung oder Unterlassung in Schrecken oder Unruhe versetzt, wird mit Gefängnis bis zu einem Jahr oder mit Geldstrafe bis zu 3000 Drachmen bestraft.

Störung des Hausfriedens.

Artikel 311.

Wer in die Wohnung eines anderen oder in den von ihm benutzten Arbeitsraum oder umschlossenen Raum, den er in Besitz hat oder der zum öffentlichen Dienst oder Verkehr bestimmt ist, rechtswidrig eindringt oder gegen den Willen des Berechtigten darin verweilt, wird mit Gefängnis bis zu einem Jahr oder mit Geldstrafe bis zu 5000 Drachmen bestraft.

Die Verfolgung tritt nur auf Antrag ein.

Betrügerische Verleitung zur Auswanderung.

Artikel 312.

Wer aus Gewinnsucht und arglistig jemanden überredet, aus dem Inland auszuwandern, wird mit Geldstrafe bis zu 5000 Drachmen oder mit Gefängnis bis zu zwei Jahren bestraft.

Fünfundzwanzigstes Kapitel.

Straftaten gegen die Sittlichkeit.

Notzucht.

Artikel 313.

Wer eine weibliche Person durch körperliche Gewalt oder durch eine Drohung, die mit dringender Gefahr für Leib oder Leben oder für ein anderes wesentliches Rechtsgut verbunden ist, zum außerehelichen Beischlaf nötigt, wird mit Zuchthaus und bei mildernden Umständen mit Gefängnis nicht unter zwei Jahren bestraft.

Nötigung zur Unzucht.

Artikel 314.

Wer durch körperliche Gewalt oder durch eine Drohung, die mit dringender Gefahr für Leib oder Leben oder eines anderen wesentlichen

Rechtsgutes verbunden ist, eine weibliche Person zur Duldung oder Vornahme einer anderen unzüchtigen Handlung nötigt, wird mit Zuchthaus bis zu zehn Jahren oder mit Gefängnis von mindestens einem Jahr und bei mildernden Umständen mit Gefängnis nicht unter sechs Monaten bestraft.

Mißbrauch zum Beischlaf usw.

Artikel 315.

Wer eine weibliche Person, die geisteskrank oder wegen Bewußtseinsverlust oder geistiger Unvollkommenheit oder aus einem anderen Grunde zum Widerstand unfähig ist, zum außerehelichen Beischlaf mißbraucht, wird mit Zuchthaus und bei mildernden Umständen mit Gefängnis nicht unter zwei Jahren bestraft.

Wer eine weibliche Person, die sich in einem der oben angeführten Zustände befindet, zu einer anderen unzüchtigen Handlung mißbraucht, wird mit Zuchthaus bis zu zehn Jahren oder mit Gefängnis von mindestens einem Jahr und bei mildernden Umständen mit Gefängnis nicht unter sechs Monaten bestraft.

Verführung von Kindern.

Artikel 316.

Wer eine unzüchtige Handlung mit einer Person unter fünfzehn Jahren vornimmt oder dieselbe zur Vornahme oder Duldung einer unzüchtigen Handlung verleitet, wird mit Zuchthaus oder Gefängnis von mindestens einem Jahr und bei mildernden Umständen mit Gefängnis von mindestens sechs Monaten bestraft.

Allgemeine Bestimmung.

Artikel 317.

Hatte eine der in den Artikeln 313, 314, 315, 316 bezeichneten Handlungen den Tod des Verletzten zur Folge, so ist auf Zuchthaus nicht unter zehn Jahren oder auf lebenslängliches Zuchthaus zu erkennen.

Erschleichung des Beischlafs.

Artikel 318.

Wer eine weibliche Person zum Beischlaf dadurch verleitet, daß er eine Trauung vorspiegelt oder einen anderen Irrtum in ihr erregt oder benutzt, infolgedessen die Verletzte den Beischlaf für einen ehelichen hielt, wird mit Gefängnis von mindestens einem Jahr und bei mildernden Umständen mit Gefängnis nicht unter drei Monaten bestraft.

Unzucht durch Mißbrauch eines Gewaltverhältnisses usw.

Artikel 319.

Mit Gefängnis von mindestens einem Jahr, bei mildernden Umständen mit Gefängnis nicht unter sechs Monaten werden bestraft:

1. Verschwägerte aufsteigender Linie, die mit ihren minderjährigen Verschwägerten absteigender Linie, Adoptiveltern, die mit ihren Adoptivkindern, Vormünder, Aufseher oder Pfleger jeder Art, die mit den ihrer Fürsorge unterstehenden Minderjährigen, Lehrer oder Erzieher, die mit ihren minderjährigen Schülern oder Zöglingen, Geistliche, die mit ihren minderjährigen Pfarrkindern eine unzüchtige Handlung vornehmen;
2. Öffentliche Beamte, die mit einer Person, der gegenüber sie sich in der Ausübung ihres Amtes befinden, eine unzüchtige Handlung vornehmen;
3. Personen, die in Gefangenenanstalten oder anderen Verwahrungsanstalten, in Schulen, Erziehungsanstalten, Krankenhäusern, Kliniken oder Heil- und Besserungsanstalten jeder Art, oder in anderen Anstalten für Hilfsbedürftige, eine unzüchtige Handlung mit einer in der Anstalt untergebrachten Person vornehmen.

Ebenso werden bestraft Dienstboten und Hausgenossen, die mit einem zu derselben Haushaltung gehörigen Minderjährigen eine unzüchtige Handlung vornehmen, sowie auch jeder, der eine solche Handlung mit einem Minderjährigen vornimmt, der ihm zur Aufsicht oder Bewachung, wenn auch vorläufig, anvertraut worden ist.

Mißbrauch des Abhängigkeitsverhältnisses.

Artikel 320.

Wer eine unbescholtene weibliche Person durch Mißbrauch der auf irgendeinem Dienstverhältnis beruhenden Abhängigkeit, in der sie sich ihm gegenüber befindet, zum außerehelichen Beischlaf überredet, wird mit Gefängnis bis zu sechs Monaten bestraft.

Verführung eines unbescholtenen Mädchens.

Artikel 321.

Wer ein unbescholtenes minderjähriges Mädchen unter Mißbrauch ihrer Unerfahrenheit oder ihres Vertrauens zum Beischlaf verführt, wird mit Gefängnis bis zu einem Jahr bestraft.

Strafantrag usw.

Artikel 322.

In den Fällen der Artikel 313, 314, 315, 318, 320, 321, sowie auch in denen der Artikel 316 und 319 tritt, wenn die Verletzte eine weibliche Person ist, die Verfolgung nur auf Antrag ein. In den Fällen der

Artikel 318, 320, 321 tritt, wenn der Täter mit der Verletzten die Ehe geschlossen hat, die Verfolgung nur dann ein, wenn die Ehe zuvor als nichtig erklärt worden ist.

Blutschande.

Artikel 323.

Der Beischlaf zwischen Blutsverwandten auf- und absteigender Linie wird an den Verwandten aufsteigender Linie mit Gefängnis nicht unter einem Jahr und an denen absteigender Linie mit Gefängnis bis zu zwei Jahren, der Beischlaf zwischen voll- oder halbbürtigen Geschwistern wird mit Gefängnis bis zu zwei Jahren bestraft.

Verwandte absteigender Linie können von jeder Strafe frei bleiben, wenn sie zur Zeit der Tat ihr achtzehntes Lebensjahr noch nicht vollendet hatten.

Unzucht zwischen Verwandten.

Artikel 324.

Die Vornahme einer anderen unzüchtigen Handlung zwischen den im vorigen Artikel angeführten Verwandten wird mit Gefängnis bis zu einem Jahr bestraft.

Der Absatz 2 des vorigen Artikels findet auch im vorliegenden Falle Anwendung.

Widernatürliche Unzucht.

Artikel 325.

Die Vornahme einer unzüchtigen Handlung zwischen männlichen Personen wird mit Gefängnis bestraft.

Ist die Tat unter Mißbrauch eines auf irgendeinem Dienstverhältnis begründeten Abhängigkeitsverhältnisses oder von einem Volljährigen unter Verführung einer Person, die ihr achtzehntes Lebensjahr noch nicht vollendet hat, oder aus Gewinnsucht begangen, so tritt Gefängnis nicht unter einem Jahr und bei mildernden Umständen Gefängnis nicht unter sechs Monaten ein.

Gleiche Strafe (Absatz 2) trifft den, der die widernatürliche Unzucht gewerbsmäßig begeht.

Kuppelei.

Artikel 326.

Wer aus Gewinnsucht oder gewohnheitsmäßig auf irgendeine Weise die Unzucht zwischen anderen erleichtert, wird mit Gefängnis bis zu zwei Jahren und mit Geldstrafe bis zu 10 000 Drachmen bestraft.

Als Kuppelei gilt nicht das Vermieten einer Wohnung an Frauen, die einen liederlichen Lebenswandel führen.

Mit Gefängnis bis zu drei Jahren und mit Geldstrafe bis zu 10 000 Drachmen wird bestraft, wer durch Anwendung von Mitteln, die auf Täuschung berechnet sind, die Unzucht zwischen anderen erleichtert, auch wenn er nicht gewohnheitsmäßig oder aus Gewinnsucht handelt.

Kuppelei an Minderjährigen.

Artikel 327.

Wer, um der Wollust eines andern dienlich zu sein, minderjährige Personen der Unzucht zuführt oder zur Sittenlosigkeit anreizt oder die Unzucht oder Sittenlosigkeit Minderjähriger unterstützt oder erleichtert, wird, soweit ein schwerer Fall nicht vorliegt, mit Gefängnis von drei Monaten bis zu drei Jahren und mit Geldstrafe bis zu 10 000 Drachmen bestraft.

Die Strafe ist auf Gefängnis von sechs Monaten bis zu fünf Jahren und auf Geldstrafe bis zu 15 000 Drachmen zu erhöhen, wenn die strafbare Handlung unter einem der folgenden Umstände begangen wurde:

1. an einer Person unter fünfzehn Jahren;
2. durch Anwendung von Täuschungsmitteln;
3. von Blutsverwandten oder Verschwägerten aufsteigender Linie oder Adoptiveltern, Ehegatten, Vormündern oder von jeder anderen Person, der der Minderjährige zur Erziehung, zum Unterricht oder zur Bewachung, wenn auch vorläufig, anvertraut worden ist;
4. gewohnheitsmäßig oder in gewinnsüchtiger Absicht.

Menschenhandel zum Zwecke der Unzucht.

Artikel 328.

Wer gewerbsmäßig oder aus Gewinnsucht weibliche Personen der Unzucht zuführt, wird mit Gefängnis von einem bis zu fünf Jahren und mit Geldstrafe bis zu 15 000 Drachmen bestraft.

Wer, um der Wollust eines anderen dienlich zu sein:

1. eine minderjährige Frau oder ein minderjähriges Mädchen zum Zwecke der Unzucht, selbst mit ihrer Einwilligung, anwirbt oder verschleppt;
2. durch Gewalt, Täuschungsmittel, Drohungen, durch gebieterisches Verhalten oder Mißbrauch von Gewalt oder durch jedes andere Zwangsmittel eine volljährige Frau oder ein volljähriges Mädchen zum Zwecke der Unzucht anwirbt oder verschleppt;
3. eine volljährige oder minderjährige Person mit denselben oben angeführten Mitteln wider ihren Willen oder auch vereinbarter Schulden wegen in einem Freudenhaus zurückhält oder sie nötigt, sich der Unzucht zu ergeben,

wird mit Gefängnis von sechs Monaten bis zu drei Jahren und mit

Geldstrafe bis zu 15 000 Drachmen bestraft, insoweit ein schwererer Fall nicht vorliegt.

Die Strafe ist auf Gefängnis bis zu fünf Jahren zu erhöhen, wenn die Tat von einer der in Artikel 327 Absatz 2 Ziffer 3 angeführten Personen begangen worden ist.

Diese Strafen werden auch dann verhängt, wenn die einzelnen Handlungen, die die Tatbestandselemente der obigen strafbaren Handlungen bilden, in verschiedenen Staatsgebieten ausgeführt worden sind.

Ausbeutung von Dirnen.

Artikel 329.

Eine männliche Person, die sich von einer Frau, die gewerbsmäßig Unzucht treibt, unter Ausbeutung ihres unsittlichen Gewinns ganz oder teilweise unterhalten läßt, wird mit Gefängnis von einem Monat bis zu drei Jahren bestraft.

Sichernde Maßnahmen.

Artikel 330.

In den Fällen der Artikel 325 Absatz 3 und 326, 327, 328, 329 finden die Vorschriften der im allgemeinen Teil befindlichen Artikel 57, 58, 60 und 61 über Arbeitshaus und Aufenthaltsbeschränkung Anwendung.

Erregung eines Ärgernisses durch unzüchtige Handlungen.

Artikel 331.

Wer öffentlich eine unzüchtige Handlung vornimmt und dadurch Ärgernis erregt, wird mit Gefängnis bis zu zwei Jahren oder mit Geldstrafe bis zu 5000 Drachmen bestraft. Wer auf irgendeine Weise die Schamhaftigkeit eines anderen in roher Art durch eine von ihm vorgenommene Handlung verletzt, wird mit Gefängnis bis zu einem Monat oder mit Geldstrafe bis zu 500 Drachmen bestraft.

Inverkehrbringen von unzüchtigen Schriften usw.

Artikel 332.

Mit Gefängnis bis zu zwei Jahren oder mit Geldstrafe bis zu 5000 Drachmen wird bestraft:

1. wer unzüchtige oder die Schamhaftigkeit in roher Weise verletzende Schriften, Abbildungen oder Darstellungen verkauft, feilbietet, verteilt oder sie an einem allgemein zugänglichen Orte ausstellt, zur Schau bringt, anschlägt oder sonst verbreitet und wer sie zum Zwecke des Inverkehrbringens herstellt, sich dieselben verschafft, ankündigt oder anpreist;
2. wer solche Schriften, Abbildungen oder Darstellungen einer Person unter sechzehn Jahren überläßt;

3. wer an einem allgemein zugänglichen Orte Gegenstände, die zur Vornahme unzüchtiger Handlungen dienen, ausstellt oder dem Publikum ankündigt oder anpreist, ausgenommen Ankündigungen, die an Ärzte oder Kaufleute solcher Artikel ergehen, oder Ankündigungen, die in ärztlichen Zeitschriften gemacht werden.

Sechsundzwanzigstes Kapitel.

Straftaten gegen die Ehre.

Beleidigung.

Artikel 333.

Wer durch Rede oder Tat oder auf irgendeine Weise die Ehre eines anderen beleidigt, wird mit Gefängnis bis zu zwei Jahren oder mit Einschließung von gleicher Dauer oder mit Geldstrafe bis zu 5000 Drachmen bestraft. Auf die Geldstrafe kann auch neben der Einschließung oder Gefängnisstrafe erkannt werden.

Die Vorschrift des Absatz 2 des Artikel 285 findet auch hier Anwendung.

Üble Nachrede.

Artikel 334.

Wer über einen anderen eine Tatsache behauptet oder verbreitet, die seinem Rufe zu schaden geeignet ist, wird, wenn nicht diese Tatsache erweislich wahr ist, mit Gefängnis bis zu drei Jahren oder mit Einschließung von gleicher Dauer oder mit Geldstrafe bis zu 10 000 Drachmen bestraft. Auf diese Geldstrafe kann auch neben der Einschließung oder Gefängnisstrafe erkannt werden.

Verleumderische üble Nachrede.

Artikel 335.

Wenn im Falle des vorigen Artikels der Täter das Unwahre der in demselben bezeichneten Tatsache gekannt hat, so wird er mit Gefängnis, neben dem auf Geldstrafe bis zu 10 000 Drachmen erkannt werden kann, bestraft; es kann auch die Entziehung der in Artikel 52 angeführten bürgerlichen Rechte ausgesprochen werden.

Angriff auf das Andenken eines Verstorbenen.

Artikel 336.

Wer das Andenken eines Verstorbenen entweder durch eine rohe und böswillige Beleidigung oder durch eine verleumderische üble Nachrede (Artikel 335) angreift, wird mit Gefängnis bis zu sechs Monaten oder mit Einschließung von gleicher Dauer bestraft.

Allgemeine Bestimmungen.

Artikel 337.

Ist in den Fällen der Artikel 334, 335 und 336 die vom Täter behauptete oder verbreitete Tatsache eine strafbare Handlung und hat hinsichtlich ihrer eine gerichtliche Verfolgung stattgefunden, so ist der Beweis der Wahrheit derselben als erbracht anzusehen, wenn eine rechtskräftige Verurteilung, der der Unwahrheit jedoch, wenn eine rechtskräftige Freisprechung mit der Begründung, daß der Angeklagte entweder die Tat nicht begangen habe oder daß ein Beweis für die Begehung nicht erbracht sei, erfolgt ist.

Artikel 338.

Der Beweis der Wahrheit, der mit der üblen Nachrede behaupteten Tatsache schließt die Bestrafung wegen Beleidigung nicht aus, wenn das Vorhandensein einer Beleidigungsabsicht aus der Art der Äußerung oder aus den Umständen, unter denen sie geschah, hervorgeht.

Straflose Angriffe auf die Ehre.

Artikel 339.

Mißbilligende Urteile über wissenschaftliche, künstlerische oder gewerbliche Leistungen sowie auch Äußerungen, die zur Ausführung von Rechtspflichten, zur Ausübung rechtlicher Befugnisse, oder zur Wahrung (Wahrnehmung) eines Rechts oder aus einem anderen gerechtfertigten Interesse oder in anderen entsprechenden Fällen gemacht werden, sind nur dann zu bestrafen, wenn aus der Art der Äußerung oder aus den Umständen, unter denen sie geschah, die Absicht einer Beleidigung hervorgeht.

Diese Vorschrift findet, wenn die oben angeführten Urteile und Äußerungen die Tatbestandsmerkmale der in Artikel 335 bezeichneten Handlung enthalten, keine Anwendung.

Strafantrag.

Artikel 340.

In den Fällen der Artikel 333, 334, 335, 336 ist die Strafverfolgung nur auf Antrag zulässig.

In den Fällen des Artikel 336 steht das Antragsrecht dem hinterbliebenen Ehegatten und den Kindern des Verstorbenen, in Ermangelung dieser Personen seinen Eltern und Geschwistern zu.

Ist eine öffentliche oder gemeindliche Behörde oder ein Beamter einer solchen oder eine zur bewaffneten Macht gehörende Person beleidigt und ist die Tat während der Ausübung ihres Berufs geschehen oder in Beziehung auf diese Ausübung begangen, so sind auch ihre Vorgesetzten zur Stellung des Antrags berechtigt.

Ist die gesetzgebende oder eine andere politische Körperschaft beleidigt, so tritt die Verfolgung nur auf ihren Antrag ein.

Urteilsbekanntmachung.

Artikel 341.

Der Absatz 3 des Artikel 198 findet auch in den Fällen der Artikel 333, 334, 335, 336 zugunsten des Antragsstellers Anwendung. Die zur Bekanntmachung des Urteils bestimmte Frist beginnt nach seiner Zustellung.

Ist die Tat durch die Presse begangen, so sind auf jeden Fall mindestens die Gründe und der Tenor des Urteils durch die öffentlichen Blätter zu veröffentlichen.

Der Herausgeber der Zeitung oder der periodischen Druckschrift, in der die beleidigende Veröffentlichung erschienen ist, ist verpflichtet, in ihr das Urteil binnen acht Tagen nach Zustellung in demselben Teil und mit derselben Schrift, mit der die beleidigende Nachricht veröffentlicht wurde, vollständig abzudrucken, andernfalls wird er mit Geldstrafe von 500 bis zu 5000 Drachmen bestraft.

Siebenundzwanzigstes Kapitel.

Verletzung von Geheimnissen.

Verletzung des Briefgeheimnisses.

Artikel 342.

Wer einen verschlossenen Brief oder ein anderes verschlossenes Schriftstück unerlaubt und in der Absicht, von seinem Inhalt Kenntnis zu erlangen, öffnet oder den verschlossenen Raum, in dem dieselben aufbewahrt werden, aufbricht, oder auf irgendeine Weise in fremde Geheimnisse dadurch eindringt, daß er einen Brief oder ein anderes Schriftstück liest, abschreibt oder abdruckt, wird mit Geldstrafe bis zu 1000 Drachmen oder mit Gefängnis bis zu sechs Monaten oder mit Einschließung von gleicher Dauer bestraft.

Die Verfolgung tritt nur auf Antrag ein.

Verletzung der Berufsverschwiegenheit.

Artikel 343.

Geistliche, Rechtsanwälte sowie Rechtsbeistände jeder Art, Notare, Ärzte, Hebammen, Krankenpfleger, Apotheker und andere Personen, denen ihres Berufes oder ihrer Eigenschaft wegen Privatgeheimnisse gewöhnlich anvertraut zu werden pflegen, sowie auch die Gehilfen dieser Personen werden mit Geldstrafe bis zu 5000 Drachmen oder mit Gefängnis bis zu einem Jahr oder mit Einschließung von gleicher Dauer bestraft, wenn sie Privatgeheimnisse offenbaren, die ihnen kraft ihres Berufs oder ihrer Eigenschaft anvertraut oder zugänglich geworden sind.

Dieselbe Strafe trifft denjenigen, der infolge des Todes einer der in Absatz 1 bezeichneten Personen den Besitz von Schriftstücken oder Aufzeichnungen, die diese Personen mit Rücksicht auf ihren Beruf oder auf ihre Eigenschaft gemacht haben, erlangt hat und daraus Privatgeheimnisse offenbart.

Die Strafverfolgung tritt nur auf Antrag ein.

Die Tat ist nicht strafbar, wenn der Täter durch ihre Begehung die Erfüllung einer Pflicht oder die Wahrnehmung eines rechtlichen oder sonst gerechtfertigten öffentlichen, eines eigenen oder eines fremden Interesses beabsichtigt hat.

Achtundzwanzigstes Kapitel.

Straftaten gegen das Eigentum.

Diebstahl

Artikel 344.

Wer eine ganz oder teilweise fremde bewegliche Sache aus dem Gewahrsam eines anderen wegnimmt, um sie sich rechtswidrig anzueignen, wird mit Gefängnis bestraft.

Als bewegliche Sache ist nach diesem Gesetz auch die elektrische Energie, die des Dampfes, sowie auch jede andere Energie anzusehen. Die Vorschriften der Artikel 60 und 61 über Arbeitshaus finden auch hier Anwendung.

Artikel 345.

Als Täter eines Diebstahls ist auch derjenige zu bestrafen, der, um sich oder einem Dritten einen rechtswidrigen Vermögensvorteil zu verschaffen, durch Öffnen von Gräbern die Toten plündert.

Qualifizierte Fälle des Diebstahls.

Artikel 346.

Der Diebstahl wird mit Gefängnis von mindestens einem Jahr oder mit zeitigem Zuchthaus und bei mildernden Umständen mit Gefängnis nicht unter drei Monaten bestraft:

1. wenn eine dem Gottesdienste geweihte Sache aus einem zum Gottesdienste bestimmten Ort weggenommen worden ist;
2. wenn eine Sache von einer zur öffentlichen Besichtigung aufgestellten Sammlung gestohlen worden ist;
3. wenn der Diebstahl an Sachen begangen wird, die durch irgendein dem öffentlichen Verkehr dienendes Mittel befördert werden, oder an Sachen, die in Räumen stehen, welche von denjenigen, die die Beförderung unternehmen, zur Aufstellung der zu beför-

dernden Sachen bestimmt sind, oder an Sachen, die ein Reisender mit sich führt;

4. wenn der Diebstahl durch Einbruch, Einsteigen, Erbrechen von Behältnissen, Anwendung falscher Schlüssel oder sonst durch Überwindung erheblicher, die Sache gegen Wegnahme schützender Hindernisse begangen worden ist;
5. wenn der Diebstahl in einer für die persönliche Sicherheit eines anderen gefährlichen Art, und insbesondere, wenn der Dieb mit Waffen oder mit solchen Werkzeugen, die zur Überwindung eines persönlichen Widerstandes bestimmt waren, oder mit Betäubungsmitteln sich versehen hatte oder wenn der Diebstahl zur Nachtzeit in einem von einem anderen bewohnten Raume, in den es dem Täter gelungen war, sich unbefugt Eingang zu verschaffen oder sich zu verstecken, begangen worden ist;
6. wenn der Diebstahl von mehreren ausgeführt wurde, die sich zur fortgesetzten Begehung von Diebstählen oder Raubtaten verbunden haben;
7. wenn die Tat von einer Person begangen wurde, die gewohnheits- oder gewerbsmäßig Diebstähle oder Raubtaten verübt;
8. wenn der gestohlene Gegenstand von besonders großem Werte ist

Unterschlagung.

Artikel 347.

Wer eine ganz oder teilweise fremde bewegliche Sache, die auf irgendeine Weise in seinen Gewahrsam gekommen ist, sich rechtswidrig zueignet, wird mit Gefängnis bis zu zwei Jahren oder mit Geldstrafe bis zu 10 000 Drachmen bestraft.

Ist der Gegenstand der Handlung dem Täter anvertraut worden oder ist er von besonders hohem Werte, so ist auf Gefängnis nicht unter drei Monaten oder auf zeitiges Zuchthaus zu erkennen.

Verschweigung eines Fundes.

Artikel 348.

Wer eine verlorene Sache, deren Wert mehr als fünf Drachmen beträgt, findet und diesen Fund binnen vierzehn Tagen der Behörde, dem Publikum oder dem Berechtigten nicht ankündigt, wird mit Geldstrafe bis zu 500 Drachmen bestraft.

Diebstähle und Unterschlagungen an Sachen von geringem Werte.

Artikel 349.

Hatten der Diebstahl oder die Unterschlagung eine Sache von geringem Werte zum Gegenstande und wurden sie aus Not zum unmittelbaren Gebrauch oder Verbrauch des Gestohlenen oder des Unterschlagenen begangen, so ist auf Geldstrafe bis zu 1000 Drachmen oder auf Gefängnis bis zu sechs Monaten zu erkennen.

Die Strafverfolgung tritt in den Fällen dieses Artikels nur auf Antrag ein.

Entwendungen.

Artikel 350.

Ein Diebstahl oder eine Unterschlagung, die begangen wurden

1. zwischen Angehörigen,
2. von dem hinterbliebenen Ehegatten am Nachlaß des verstorbenen,
3. gegen den Vormund oder Pfleger des Täters sowie auch ein Diebstahl oder eine Unterschlagung, die an Sachen von kleinem Werte und gegen eine Person, zu der der Täter sich in einem Abhängigkeitsverhältnis befindet oder mit der er in häuslicher Gemeinschaft lebt, begangen wurden,

ist nur auf Antrag zu verfolgen.

Angehörige im Sinne dieses Artikels sind Verwandte und Verschwägerte in gerader Linie, Adoptiveltern und -kinder, Ehegatten und Verlobte, Geschwister und deren Ehegatten und Verlobte.

Zurückgabe einer sich zugeeigneten Sache.

Artikel 351.

Die Strafbarkeit des Diebstahls und der Unterschlagung wird aufgehoben, wenn der Täter aus eigenem Willen und ehe er über die Handlung auf irgendeine Art von der Behörde zur Rede gestellt wurde, ohne rechtswidrigen Nachteil für einen Dritten die Zurückgabe der sich zugeeigneten Sache oder die gänzliche Befriedigung des Beschädigten bewirkt hat.

Ist die Zurückgabe oder Befriedigung nur zum Teil geschehen, so wird die Strafbarkeit nur, insoweit es auf diesen Teil ankommt, aufgehoben.

Raub.

Artikel 352.

Wer mit körperlicher Gewalt gegen eine Person oder mit Drohungen, die mit einer dringenden Gefahr für Leib oder Leben verbunden sind, eine ganz oder teilweise fremde bewegliche Sache einem anderen wegnimmt oder ihn zu deren Übergabe nötigt, um sie sich rechtswidrig zuzueignen, wird mit Zuchthaus und bei mildernden Umständen mit Gefängnis nicht unter sechs Monaten bestraft.

Ist infolge der Tat der Tod eines Menschen oder eine schwere Körperverletzung (Art. 287) eingetreten oder wurde die Handlung mit besonderer Härte gegen eine Person begangen, so ist auf Zuchthaus nicht unter zehn Jahren oder auf lebenslanges Zuchthaus oder auf Todesstrafe zu erkennen.

Dieselben Strafen (Abs. 1 und 2) treffen denjenigen, der bei einem Diebstahl auf frischer Tat betroffen, körperliche Gewalt gegen eine Person oder Drohungen, die mit dringender Gefahr für Leib oder Leben verbunden sind, anwendet, um sich die gestohlene Sache zu erhalten.

Begriff der körperlichen Gewalt.

Artikel 353.

Als körperliche Gewalt wird nach diesem Gesetz auch die Versetzung einer Person in einen Zustand der Bewußtlosigkeit oder Widerstandsunfähigkeit durch hypnotische oder narkotische oder andere gleichartige Mittel angesehen.

Beschädigung fremden Eigentums.

Artikel 354.

Wer eine ihm ganz oder teilweise fremde Sache vorsätzlich zerstört oder beschädigt oder auf andere Weise unbrauchbar macht, wird mit Geldstrafe bis zu 5000 Drachmen oder mit Gefängnis bis zu zwei Jahren oder mit Einschließung von gleicher Dauer bestraft.

Qualifizierte Fälle der Eigentumsbeschädigung.

Artikel 355.

Ist der Gegenstand der in Artikel 354 bezeichneten Handlung

1. eine Sache, die zum öffentlichen Nutzen dient,
2. von besonders hohem Werte,

so ist auf Gefängnis bis zu fünf Jahren oder auf Einschließung von gleicher Dauer oder auf Geldstrafe bis zu 10000 Drachmen zu erkennen.

Allgemeine Bestimmungen.

Artikel 356.

Bei Verletzung der Vorschriften der Artikel 354 und 355 Absatz 2 tritt die strafrechtliche Verfolgung nur auf Antrag ein.

Artikel 357.

In den Fällen der Artikel 354 und 355 Absatz 2 ist die Strafbarkeit der Tat aufgehoben, wenn der Täter aus eigenem Willen, ehe er über die Handlung auf irgendeine Art zur Rede gestellt wurde, ohne rechtswidrigen Nachteil für einen Dritten die vollständige Wiederherstellung der beschädigten Sache oder die gänzliche Befriedigung des Geschädigten bewirkt hat. Ist die Wiederherstellung oder Befriedigung nur zum Teil erfolgt, so wird die Strafbarkeit, nur soweit es auf diesen Teil ankommt, aufgehoben (vgl. Artikel 351).

Artikel 358.

Wurde die in Artikel 354 bezeichnete Handlung durch Feuer ausgeführt, so kann auf Zuchthaus erkannt werden.

Neunundzwanzigstes Kapitel.

Straftaten gegen Vermögensrechte.

Erpressung.

Artikel 359.

Wer, abgesehen von den in Artikel 352 bezeichneten Fällen, in der Absicht, sich oder einem anderen einen rechtswidrigen Vermögensvorteil zu verschaffen, jemanden durch Gewalt oder Drohung zu einer Handlung oder Unterlassung nötigt, durch die eine Schädigung für das Vermögen des Genötigten oder eines anderen eintritt, wird bestraft:

1. gemäß Artikel 352 Absatz 1 und 2, wenn die Tat durch körperliche Gewalt gegen eine Person oder mit Drohungen, die mit einer dringenden Gefahr für Leib oder Leben verbunden sind, begangen wurde;
2. in jedem anderen Falle mit Gefängnis oder mit Zuchthaus bis zu 10 Jahren.

Die Vorschriften der Artikel 60 und 61 über Arbeitshaus finden auch hier Anwendung.

Betrug.

Artikel 360.

Wer in der Absicht, sich oder einem anderen einen rechtswidrigen Vermögensvorteil zu verschaffen, fremdes Vermögen dadurch beschädigt, daß er jemanden durch arglistige Darstellung falscher Tatsachen, die er als wahr ausgibt, oder durch unerlaubte Unterdrückung oder Vorenthaltung wahrer Tatsachen zu einer Handlung oder Unterlassung bestimmt, wird mit Gefängnis oder mit Geldstrafe bis zu 10 000 Drachmen bestraft.

Die Vorschriften der Artikel 60 und 61 über Arbeitshaus finden auch hier Anwendung.

Betreibt der Täter den Betrug gewerbs- oder gewohnheitsmäßig oder ist der verursachte Schaden besonders groß oder hat der Täter die Handlung lange Zeit hindurch fortgesetzt, so kann Zuchthaus bis zu zehn Jahren verhängt werden.

Versicherungsbetrug.

Artikel 361.

Wer in der Absicht, die Summe, mit der eine bewegliche oder unbewegliche Sache versichert ist, für sich oder einen anderen zu erheben, die Gefahr, gegen deren Eintritt die Versicherung abgeschlossen wurde, herbeiführt, wird mit Zuchthaus bis zu zehn Jahren und bei mildernden Umständen mit Gefängnis bestraft.

Betrügerische Verursachung einer Vermögensbeschädigung.

Artikel 362.

Wer vorsätzlich fremdes Vermögen dadurch beschädigt, daß er jemanden durch arglistige Darstellung falscher Tatsachen, die er als wahr ausgibt, oder durch unerlaubte Unterdrückung oder Vorenthaltung wahrer Tatsachen zu einer Handlung oder Unterlassung bestimmt, wird mit Gefängnis bis zu zwei Jahren oder mit Geldstrafe bis zu 10 000 Drachmen bestraft.

Die Strafverfolgung tritt nur auf Antrag ein.

Untreue.

Artikel 363.

Wer vorsätzlich das Vermögen eines anderen, für das ihm durch Gesetz oder Rechtsgeschäft die Sorge oder die Verwaltung (ganz oder teilweise oder nur für eine bestimmte Handlung) übertragen worden ist, beschädigt, wird mit Gefängnis oder mit Geldstrafe bis zu 10 000 Drachmen bestraft.

Erschleichung freien Zutritts.

Artikel 364.

Wem es gelingt, arglistig und ohne das festgesetzte Entgelt zu zahlen, sich den Zutritt zu einer Vorstellung, Ausstellung oder ähnlichen Veranstaltung zu verschaffen oder ein öffentliches Verkehrsmittel zu benutzen oder an einer anderen zur allgemeinen Benutzung bestimmten aber gegen Entgelt zugänglichen Einrichtung teilzunehmen, wird mit Geldstrafe bis zu 500 Drachmen oder mit Gefängnis bis zu zwei Monaten bestraft.

Die Strafverfolgung tritt nur auf Antrag ein.

Arglistige Annahme von Leistungen.

Artikel 365.

Wer Nahrungsmittel oder Getränke zum unmittelbaren Verbrauch annimmt oder wer eine Unterkunft oder Dienstleistungen, deren Wert nach der Verkehrssitte sofort zu entrichten ist, sich gewähren läßt, in der Absicht, eine Zahlung nicht zu leisten, wird mit Geldstrafe bis zu 500 Drachmen oder mit Gefängnis bis zu zwei Monaten bestraft.

Die Strafverfolgung tritt nur auf Antrag ein.

Allgemeine Bestimmungen.

Artikel 366.

Die Vorschriften des Artikel 350 Absatz 1 Ziffer 1 und 3 und Absatz 2 sind auch auf die in den Artikeln 360 und 363 enthaltenen Handlungen entsprechend, und die Vorschriften des Artikel 351 auch auf die in den Artikeln 360, 362, 363, 364 und 365 bezeichneten Handlungen anzuwenden.

Hehlerei.

Artikel 367.

Wer vorsätzlich eine Sache, die aus einer strafbaren Handlung herrührt, verheimlicht, ankauft, zum Pfande nimmt oder sonst bei sich aufnimmt oder einem anderen den Gewahrsam einer solchen Sache überträgt, bei dessen Übertragung mitwirkt oder diesen Gewahrsam einem anderen irgendwie sichert, wird, ohne Rücksicht auf die Strafbarkeit der Person des Täters, mit Gefängnis oder mit Geldstrafe bis zu 5000 Drachmen bestraft.

Den aus einer strafbaren Handlung herrührenden Sachen stehen gleich ihr Erlös sowie auch die mittels ihrer angeschafften Gegenstände.

Die Artikel 60 und 61 über Arbeitshaus finden auch hier Anwendung.

Begeht der Täter solche Handlungen gewerbs- oder gewohnheitsmäßig oder aus Eigennutz oder handelt es sich um eine Sache von besonders hohem Werte, so kann auf Zuchthaus bis zu zehn Jahren erkannt werden.

Artikel 368.

In den Fällen des Absatz 1 des vorigen Artikels finden die Vorschriften des Artikel 351 entsprechende Anwendung.

Abhalten vom Bieten.

Artikel 369.

Wer bei öffentlichen Versteigerungen durch Gewalt oder Drohungen die freie Mitbewerbung verhindert oder durch Geschenke oder Versprechungen einen Bietenden oder sich dazu Anschickenden entfernt, wird mit Gefängnis bis zu einem Jahr oder mit Geldstrafe bis zu 5000 Drachmen bestraft.

Gläubigerbetrug.

Artikel 370.

Ein Schuldner, der vorsätzlich die Befriedigung seines Gläubigers ganz oder zum Teil dadurch vereitelt, daß er irgendwelche Bestandteile seines Vermögens beschädigt, zerstört oder wertlos macht, verheimlicht oder ohne ein sicheres oder gleichwertiges Entgelt veräußert, erdichtete

Schulden oder erdichtete Rechtsgeschäfte aufstellt, wird, (wenn die Tat nach einer anderen Gesetzesvorschrift nicht schwerer zu bestrafen ist), mit Gefängnis bis zu zwei Jahren oder mit Geldstrafe bis zu 5000 Drachmen bestraft.

Ebenso wird bestraft, wer eine dieser Handlungen zugunsten des Schuldners vornimmt.

Die Strafverfolgung tritt nur auf Antrag ein.

Verhinderung an der Ausübung eines Rechts.

Artikel 371.

Wer vorsätzlich dadurch, daß er seine eigene Sache einem anderen wegnimmt oder ganz oder teilweise zerstört, dem Berechtigten die Ausübung eines Nießbrauchs-, Nutznießungs-, Wohnungs-, Pfand- oder Zurückbehaltungsrechts unmöglich macht, wird mit Gefängnis bis zu zwei Jahren oder mit Geldstrafe bis zu 5000 Drachmen bestraft.

Ebenso ist zu bestrafen, wer eine dieser Handlungen zugunsten des Eigentümers vornimmt.

Die Strafverfolgung tritt nur auf Antrag ein.

Widerrechtliches Fischen.

Artikel 372.

Wer in Gewässern, in denen ein anderer das Fischereirecht hat, ohne dessen Erlaubnis fischt, wird mit Geldstrafe bis zu 1000 Drachmen oder mit Gefängnis bis zu drei Monaten bestraft. Begeht der Täter die Tat gewerbs- oder gewohnheitsmäßig, so wird er mit Gefängnis bis zu zwei Jahren bestraft.

Die Strafverfolgung tritt nur auf Antrag ein.

Fischerei in den zu dem Staatsgebiet gehörigen Gewässern.

Artikel 373.

Ein Ausländer, der unbefugt in den Küstengewässern des Griechischen Staates fischt, wird mit Geldstrafe bis zu 2000 Drachmen oder mit Gefängnis bis zu sechs Monaten bestraft.

Widerrechtliches Jagen.

Artikel 374.

Wer an einem Orte jagt, an dem er dies zu tun nicht berechtigt ist, wird mit Geldstrafe bis zu 1000 Drachmen oder mit Gefängnis bis zu einem Jahr bestraft.

Begeht der Täter die Tat gewerbs- oder gewohnheitsmäßig, so wird er mit Gefängnis bis zu zwei Jahren bestraft.

Die Strafverfolgung tritt nur auf Antrag ein.

Artikel 375.

In den Fällen der Artikel 370, 371, 372 und 374 finden die Vorschriften des Artikel 351 entsprechende Anwendung.

Verleitung Minderjähriger zu Schulden.

Artikel 376.

Wer aus Eigennutz und unter Ausbeutung des Leichtsinns oder der Unerfahrenheit eines Minderjährigen sich oder einem Dritten zum Nachteil des Minderjährigen die Zahlung einer Geldsumme oder die Gewährung einer geldwerten Leistung anderer Art versprechen oder sicherstellen läßt, wird mit Geldstrafe bis zu 3000 Drachmen oder mit Gefängnis bis zu einem Jahr bestraft.

Ebenso wird bestraft, wer eine Forderung der in Absatz 1 angeführten Art erworben hat und sie weiter veräußert oder verpfändet oder Vermögensvorteile aus ihr geltend zu machen sucht.

Die Strafverfolgung tritt nur auf Antrag ein.

Wucher.

Artikel 377.

Wer bei einem Rechtsgeschäft über Gewährung irgendeines Kredits, seiner Erneuerung oder der Stundung seiner Zahlung unter Ausbeutung der Notlage, der Geistesschwäche, des Leichtsinns, der Unerfahrenheit oder der seelischen Erregung des Kreditempfängers, für sich oder einen anderen Vermögensteile vereinbart oder annimmt, die nach den besonderen Umständen in offensichtlichem Mißverhältnis zu der von ihm gemachten Leistung stehen, wird mit Gefängnis bis zu zwei Jahren und mit Geldstrafe bis zu 5000 Drachmen bestraft.

Ebenso wird bestraft:

1. wer ungeachtet der oben angeführten Voraussetzungen bei der Gewährung eines Darlehns oder der Stundung seiner Zahlung, seiner Erneuerung oder seiner Diskontierung für sich oder einen anderen Vermögensvorteile vereinbart oder annimmt, die den vom Gesetz erlaubten Zinsfuß übersteigen;
2. wer eine Forderung der in Absatz 1 oder in Absatz 2 Ziffer 1 angeführten Art erworben hat und sie weiter veräußert oder verpfändet oder wucherische Vermögensvorteile aus ihr geltend zu machen sucht.

Begeht der Täter gewerbs- oder gewohnheitsmäßig wucherische Handlungen der in Absatz 1 oder 2 bezeichneten Art, so ist auf Gefängnis von mindestens drei Monaten und auf Geldstrafe bis zu 5000 Drachmen zu erkennen.

Die Strafverfolgung obiger Handlungen ist nur auf Antrag zulässig. Ihre Strafbarkeit wird jedoch aufgehoben, wenn der Täter aus eigenem Willen, und ehe er auf irgendeine Weise von der zuständigen

Behörde zur Rede gestellt wurde, den rechtswidrigen Zustand aufhebt und dem Schuldner das übermäßig Empfangene mit den gesetzlichen Zinsen vom Tage des Empfanges an zurückgibt.

Unsittlicher Gewinn.

Artikel 378.

Wer in Beziehung auf andere als die in Artikel 377 Absatz 1 angeführten Rechtsgeschäfte und unter den dort bezeichneten Umständen für sich oder einen Dritten Vermögensvorteile vereinbart oder annimmt, die den Wert der seinerseits zu machenden Leistung dergestalt übersteigen, daß sie nach den besonderen Umständen in offensichtlichem Mißverhältnis zu dieser Leistung stehen, wird, wenn er die Handlung gewerbs- oder gewohnheitsmäßig betreibt, mit Gefängnis nicht unter drei Monaten und mit Geldstrafe bis zu 5000 Drachmen bestraft.

Der Absatz 4 des Artikel 377 findet auch hier Anwendung.

Verleitung zu Börsengeschäften.

Artikel 379.

Wer aus Habsucht unter Ausbeutung der Unerfahrenheit oder der Geistesschwäche eines anderen ihn zu Börsenspekulationsgeschäften verleitet, die in offensichtlichem Mißverhältnis zu den Vermögensverhältnissen des Verleiteten stehen und deswegen seinen wirtschaftlichen Untergang zur Folge haben oder beschleunigen können, wird mit Gefängnis bis zu sechs Monaten bestraft; er kann auch zu Geldstrafe bis zu 2000 Drachmen verurteilt werden.

Gewerbsmäßiges Glücksspiel.

Artikel 380.

Wer gewerbsmäßig Glücksspiele betreibt, wird mit Gefängnis bis zu einem Jahr oder mit Geldstrafe bis zu 10 000 Drachmen bestraft.

Die Vorschriften der Artikel 60 und 61 über Arbeitshaus und Aufenthaltsbeschränkung finden auch hier Anwendung.

Veranstaltung von Glücksspielen.

Artikel 381.

Wer unbefugt ein öffentliches Glückspiel veranstaltet oder unterhält, wird mit Geldstrafe bis zu 10 000 Drachmen oder mit Gefängnis bis zu zwei Jahren bestraft.

Die Einziehung des auf dem Spieltische befindlichen Geldes und der zum Spiel dienlichen Gegenstände kann, ungeachtet, ob sie dem Täter gehören oder nicht, angeordnet werden.

Betrügerischer Bankrott.

Artikel 382.

Ein Schuldner, der Kaufmann ist und seine Zahlungen eingestellt hat, wird, wenn er vorsätzlich seine Gläubiger dadurch schädigt, daß er einen seiner Vermögensbestandteile veräußert, beschädigt, beiseite schafft, oder verheimlicht, oder Schulden übernimmt, oder solche erdichtet, mit Gefängnis bestraft.

Ebenso wird bestraft, wer eine der obigen Handlungen zugunsten des Schuldners vornimmt.

Einfacher Bankrott.

Artikel 383.

Ein Schuldner, der Kaufmann ist und seine Zahlungen eingestellt hat, wird, wenn er seine Gläubiger oder einen von ihnen durch übermäßige persönliche oder häusliche Ausgaben oder solche für Spiele oder Wetten oder für Unternehmungen, die rein vom Glück abhängen, für Differenzgeschäfte oder durch Übernahme übermäßiger Schulden aus einem der oben angeführten Gründe fahrlässig schädigt, mit Gefängnis bis zu einem Jahr oder mit Geldstrafe bis zu 5000 Drachmen bestraft.

Ebenso wird bestraft der Schuldner, der Kaufmann ist und seine Zahlungen eingestellt hat, wenn er, um der Eröffnung des Konkurses aus dem Wege zu gehen, Waren kauft und diese unter dem Werte wiederverkauft oder Darlehen annimmt oder Verpflichtungsscheine ausgibt oder zu irgendeinem nachteiligen Mittel Zuflucht nimmt, um Geld zu bekommen.

Gläubigerbevorzugung.

Artikel 384.

Der Schuldner, der Kaufmann ist und nach Zahlungseinstellung einem Gläubiger zum Schaden der Gläubigergesamtheit eine Befriedigung gewährt hat, wird mit Gefängnis bis zu einem Jahr oder mit Geldstrafe bis zu 5000 Drachmen bestraft.

Verheimlichung der wirtschaftlichen Lage.

Artikel 385.

Der Schuldner, der Kaufmann ist und seine Zahlungen eingestellt hat, wird, wenn er durch Beschädigung, Beiseiteschaffen oder Veränderung seiner Handelsbücher oder durch unrichtige Eintragungen in sie oder durch falsche Inventaraufnahmen oder durch Nichtführen der gesetzlich vorgeschriebenen Handelsbücher oder durch Unterlassung der Inventaraufnahme die Abschätzung seines Vermögenszustandes erschwert, mit Gefängnis bis zu zwei Jahren bestraft.

Wurde die Tat fahrlässig begangen, so ist auf Gefängnis bis zu einem Jahr oder auf Geldstrafe bis zu 5000 Drachmen zu erkennen.

Stimmenverkauf bei einem Konkurs.

Artikel 386.

Wer die Gewährung oder das Versprechen besonderer Vorteile bei einer Abstimmung von Konkursgläubigern annimmt, dafür, daß er auf eine bestimmte Weise sein Recht ausübe oder an der Abstimmung nicht teilnehme, wird mit Gefängnis bis zu einem Jahr oder mit Geldstrafe bis zu 5000 Drachmen bestraft.

Dieselbe Strafe trifft denjenigen, der die oben beschriebenen Vorteile gewährt oder verspricht.

Artikel 387.

In den Fällen der Artikel 382, 383, 384 finden die Vorschriften des Artikel 351 entsprechende Anwendung.

Dreißigstes Kapitel.

Durch die Presse begangene Straftaten.

I. Allgemeine Bestimmungen.

Artikel 388.

Die durch die Presse begangenen Straftaten werden nur dann bestraft, wenn sie vollendet worden sind. Als vollendet sind sie anzusehen, sobald die zu beanstandende Druckschrift verbreitet worden ist. Eine Druckschrift ist als verbreitet anzusehen, auch wenn sie an einem solchen Orte angeschlagen, hingestellt oder ausgelegt worden ist, an dem sie dem Publikum zugänglich ist.

Als Druckschriften im Sinne der Vorschriften dieses Gesetzes sind anzusehen die durch die Buchdruckerei oder jedes andere mechanische oder chemische, zur Vervielfältigung dienliche Mittel erzeugten und zur Verbreitung bestimmten Exemplare eines Textes oder einer bildlichen Darstellung mit oder ohne Schrift oder einer musikalischen Komposition mit Text oder Erläuterungen.

Artikel 389.

Für die zu beanstandende Veröffentlichung sind verantwortlich:

1. der Verfasser, wenn er nicht beweist, daß sowohl der Druck wie die Herausgabe ohne sein Wissen oder gegen seinen Willen stattgefunden haben;
2. der Herausgeber, sofern er nicht den Verfasser der Veröffentlichung nachweist oder wenn der Verfasser nach Absatz 1 nicht als verantwortlich angesehen werden kann;

3. der Verleger, sofern er nicht den nach Absatz 1 verantwortlichen Verfasser oder den Herausgeber nachweist;
4. der Drucker, wenn er nicht den nach obigen Vorschriften verantwortlichen Verfasser oder den Herausgeber oder den Verleger nachweist;
5. der Verbreiter und wer zur Verbreitung Auftrag gegeben hat, sofern sie nicht den nach obigen Vorschriften verantwortlichen Verfasser, Herausgeber, Verleger oder Drucker nachweisen.

Artikel 390.

Betreffs der Zeitungen und periodischen Druckschriften sind der Verfasser und der verantwortliche Redakteur der Zeitung oder der periodischen Druckschrift verantwortlich, wenn sie nicht nachweisen, daß die Einrückung ohne ihr Wissen oder gegen ihren Willen stattgefunden hat. Im übrigen finden die Absätze 2, 3, 4 und 5 des vorigen Artikels betreffs der Verantwortung der darin bezeichneten Personen Anwendung.

Artikel 391.

Haben die in Artikel 389 Absatz 1 und 390 Absatz 1 bezeichneten Personen sich der gerichtlichen Verfolgung durch den Aufenthalt im Ausland entzogen, so sind die nächstfolgenden Personen nach der in diesen Artikeln bestimmten Reihe zu verfolgen.

Periodische Druckschriften.

Artikel 392.

Als periodische Druckschriften sind anzusehen diejenigen, die mindestens einmal im Monat, sei es in regelmäßigen, sei es in unregelmäßigen Zeitabständen erscheinen.

II. Verletzungen der Pressevorschriften.

Widerrechtliche Ausübung des Druckereigewerbes.

Artikel 393.

Wer die Buchdruckerei ausübt, unter der auch die Steindruckerei und jedes andere Gewerbe der Vervielfältigung mittels mechanischer oder chemischer Mittel verstanden wird, ohne die vom Gesetz dafür bestimmten Voraussetzungen einzuhalten, wird mit Gefängnis bis zu vierzehn Tagen oder mit Geldstrafe bis zu 1500 Drachmen bestraft.

Widerrechtliches Inverkehrbringen von Druckschriften.

Artikel 394.

Wer öffentlich Exemplare einer beschlagnahmten Druckschrift verkauft, verteilt oder irgendwie verbreitet, wird mit Gefängnis bis zu einem Monat oder mit Geldstrafe bis zu 1500 Drachmen bestraft.

Unterlassung von Angaben über den Druck.

Artikel 395.

Der Drucker, der Herausgeber oder der Verleger, die es unterlassen, auf einer Druckschrift die Zeit des Druckes oder den Namen oder den Wohnsitz des Druckers anzugeben, werden mit Geldstrafe bis zu 500 Drachmen bestraft.

Ebenso werden der Drucker, der Herausgeber oder der Verleger bestraft, wenn sie eine falsche Zeit über den Druck oder einen falschen Namen oder einen falschen Wohnsitz des Druckers angeben.

Ebenso wird bestraft, wer Druckschriften verkauft, auf denen der Name und der Wohnsitz des Verfassers oder des Herausgebers oder des Verlegers oder des Druckers oder die Zeit des Druckes nicht angegeben ist, ungeachtet ob der Druck im In- oder im Auslande stattgefunden hat.

Einunddreißigstes Kapitel.

Übertretungen.

I. Allgemeine Bestimmung.

Haftung für die Übertretungen anderer Personen.

Artikel 396.

Fabrikanten oder Direktoren eines Betriebs, Gewerbeausübende oder Handwerksmeister, Unternehmer und Kaufleute sind für die Übertretungen, die von ihren Untergebenen oder Stellvertretern begangen werden, und die eine Verletzung der Gebote oder Verbote über die Ausübung ihrer Verrichtungen enthalten, verantwortlich, wenn sie von deren Begehung Kenntnis gehabt haben und sie hätten verhindern können, oder wenn ihnen eine Vernachlässigung der pflichtgemäßen Aufsicht zugeschrieben werden kann.

II. Die einzelnen Übertretungen.

Unterlassung der Verhinderung strafbarer Handlungen.

Artikel 397.

Wer es unterläßt, ein Kind, das sein vierzehntes Lebensjahr noch nicht vollendet hat und das unter seiner Gewalt oder Aufsicht sich befindet, von der Begehung einer strafbaren Handlung abzuhalten, wird mit Arrest bis zu drei Monaten oder mit Geldstrafe bis zu 300 Drachmen bestraft.

Annahme von Auszeichnungen und Belohnungen von einer fremden Macht.

Artikel 398.

Ein Inländer, der ohne ausdrückliche Erlaubnis der Regierung von einer fremden Macht ein Gehalt, eine Pension, einen Titel, einen Orden oder eine andere Auszeichnung annimmt, wird mit Arrest bis zu drei Monaten oder mit Geldstrafe bis zu 300 Drachmen oder mit beidem bestraft.

Widerrechtliches Halten einer Schule.

Artikel 399.

Wer eine Erziehungs- oder Unterrichtsanstalt ohne die vom Gesetz erforderliche Erlaubnis der Obrigkeit hält, wird mit Arrest bis zu zwei Monaten oder mit Geldstrafe bis zu 300 Drachmen oder mit beidem bestraft.

Widerrechtliche Ausübung eines Gewerbes.

Artikel 400.

Wer ohne Erlaubnis der Behörde ein Gewerbe, für dessen Ausübung nach dem Gesetz eine solche Erlaubnis erforderlich ist, ausübt, wird mit Geldstrafe bis zu 100 Drachmen oder mit Arrest bis zu vierzehn Tagen bestraft.

Die Vorschrift ist nicht anzuwenden,

1. wenn die nach dem Gesetz erforderliche Erlaubnis nur im Hinblick auf Steuerzwecke gegeben wurde und
2. in den Fällen, die durch das gegenwärtige oder ein anderes Gesetz besonders geregelt werden.

Eigenmächtige Veränderung des Namens.

Artikel 401.

Wer ohne Erlaubnis der Behörde seinen Familiennamen verändert oder sich den Namen einer fremden Familie beilegt, wird mit Arrest bis zu einem Monat bestraft.

Erregung von Unruhe.

Artikel 402.

Wer vorsätzlich einen anderen beunruhigt oder durch falschen Hilferuf, ungebührlichen Gebrauch von Notzeichen oder durch Ausstreuung erdichteter oder abergläubischer Mitteilungen oder Gerüchte die Behörde oder die bewaffnete Macht in Bewegung bringt, wird mit Arrest oder mit Geldstrafe bis zu 300 Drachmen bestraft, wenn die Tat nach einer anderen Gesetzesvorschrift keine schwerere Strafe nach sich zieht.

Störung der Ruhe.

Artikel 403.

Wer durch übermäßigen während der Ausübung eines Berufes oder auf irgendeine andere Weise erzeugten Lärm oder Getöse, Raufereien oder durch irgendwelche andere Handlungen öffentlich die Einwohner in ihren Beschäftigungen, Vergnügungen oder in ihrer nächtlichen Ruhe stört, wird mit Arrest bis zu vierzehn Tagen oder mit Geldstrafe bis zu 100 Drachmen bestraft.

Überschreitung der Polizeistunde.

Artikel 404.

Wenn in Speisehäusern oder in anderen öffentlichen Unterhaltungs- oder Erfrischungsorten, die festgesetzten nächtlichen Polizeistunden nicht eingehalten werden, so tritt Geldstrafe bis zu 200 Drachmen oder Arrest gegen den Wirt, der den Verbleib von Gästen über diese Stunde hinaus duldet, sowie auch gegen die Gäste ein, die auf die Mahnung des den Betrieb Leitenden oder eines Polizisten, sich zu entfernen, im Lokal bleiben.

Verletzungen der Vorschriften über öffentliche Schauspiele.

Artikel 405.

Mit Geldstrafe bis zu 200 Drachmen oder mit Arrest wird bestraft, wer ohne Erlaubnis der Polizeibehörde öffentliche Schauspiele, Theater- oder andere Aufführungen veranstaltet, sowie auch, wer in Beziehung auf solche Schauspiele oder Aufführungen die von der Behörde betreffs des Orts, der Zeit oder der Art ihrer Durchführung erlassenen Vorschriften übertritt.

Verletzungen der Vorschriften über Straßen.

Artikel 406.

Wer die zur Erhaltung der Sicherheit, Ordnung, Bequemlichkeit, Reinlichkeit oder Ruhe auf öffentlichen Straßen oder Plätzen oder dem Verkehr dienenden Gewässern von der zuständigen Behörde erlassenen Vorschriften und insbesondere Polizeiverordnungen übertritt, wird mit Geldstrafe bis zu 300 Drachmen oder mit Arrest bis zu zwei Monaten bestraft.

Verletzung der Vorschriften über Uferschutz.

Artikel 407.

Mit Geldstrafe bis zu 300 Drachmen oder mit Arrest bis zu zwei Monaten wird bestraft, wer die zum Schutze der Meeresküste, der Meeres-, See- oder Flußufer und der auf diesen befindlichen Anpflanzungen oder anderen Einrichtungen von der zuständigen Behörde erlassenen Vorschriften und insbesondere Polizeiverordnungen übertritt.

Vernachlässigung der Verhütung eines Schadens durch Gifte.

Artikel 408.

Wer weiß, daß aus dem Gebrauch einer Sache eine Vergiftungsgefahr für einen Menschen oder ein Tier entstehen kann, und es unterläßt, die Gefahr durch die ihm möglichen Mittel zu verhüten, wird mit Arrest bis zu sechzig Tagen oder mit Geldstrafe bis zu 300 Drachmen bestraft.

Widerrechtliche Zubereitung und Lieferung von Giften.

Artikel 409.

Mit Arrest bis zu sechzig Tagen oder mit Geldstrafe bis zu 300 Drachmen wird bestraft, soweit durch eine andere Gesetzesvorschrift eine schwerere Strafe nicht angedroht ist,

1. wer ohne die erforderliche Erlaubnis der Behörde ein Gift zubereitet, verkauft oder sonst liefert, ungeachtet der Vorschrift des Absatzes 2, Satz 1 des Artikel 400,
2. wer die von der zuständigen Behörde erlassenen Vorschriften und insbesondere die Polizeiverordnungen über die Zubereitung, den Verkauf oder die sonstige Lieferung eines Giftes übertritt, oder wer bei einer dieser Tätigkeiten sich irgendeiner Fahrlässigkeit, durch die ein Schaden für einen anderen oder für ein fremdes Tier entstehen kann, schuldig macht.

Verletzungen der Vorschriften über die Aufbewahrung und Beförderung von Giften.

Artikel 410.

Ebenso wird bestraft, soweit er nach einer anderen Gesetzesvorschrift nicht mit schwererer Strafe zu belegen ist:

1. wer Gift, das er auf irgendeine Weise in seinem Besitz hat, nicht zwecks Vermeidung einer Verwechslung oder schädlichen Gebrauchs sorgfältig aufbewahrt.
2. wer bei der Aufbewahrung oder Beförderung eines Giftes die diesbezüglichen Vorschriften der zuständigen Behörde und insbesondere die Polizeiverordnungen übertritt.

Verletzungen der Vorschriften über die Zubereitung und Lieferung von Arzneimitteln.

Artikel 411.

Mit Arrest bis zu sechzig Tagen oder mit Geldstrafe bis zu 300 Drachmen wird bestraft, soweit er nach einer anderen Gesetzesvorschrift nicht mit schwererer Strafe zu belegen ist:

1. wer ohne die erforderliche Erlaubnis der Behörde ein Arzneimittel zubereitet, verkauft oder sonst liefert, ungeachtet der Vorschrift des Absatzes 2 Satz 1 des Artikel 400, und
2. wer die Vorschriften der zuständigen Behörde und insbesondere die Polizeiverordnungen über die Zubereitung, den Verkauf oder eine sonstige Lieferung eines Arzneimittels übertritt oder wer

bei einer dieser Tätigkeiten sich irgendeiner Fahrlässigkeit, durch die ein Schaden für einen anderen oder für ein fremdes Tier entstehen kann, schuldig gemacht hat.

Gesundheitsgefährdender Umgang.

Artikel 412.

Wenn jemand, der an einer übertragbaren Krankheit leidet, mit einem anderen in solche persönliche Berührung kommt, daß dadurch die Krankheit unmittelbar übertragen werden kann, wird er mit Arrest bis zu drei Monaten oder mit Geldstrafe bis zu 300 Drachmen bestraft.

Gewerbsmäßige Unzucht.

Artikel 413.

Eine Frau, die bei der Ausübung der gewerbsmäßigen Unzucht, die im Hinblick auf die Sicherung der Gesundheit der öffentlichen Ordnung oder des öffentlichen Anstandes erlassenen Polizeiverordnungen übertritt, wird mit Arrest bis zu drei Monaten bestraft.

Verletzung der Vorschriften über Leichen.

Artikel 414.

Wer die zum Schutze der öffentlichen Gesundheit von der zuständigen Behörde erlassenen Vorschriften über die Ausstellung von Leichen zur öffentlichen Schau oder über die Zeit, den Ort oder die Art ihrer Beerdigung übertritt, wird mit Arrest bis zu zwei Monaten oder mit Geldstrafe bis zu 300 Drachmen bestraft.

Verletzung der Vorschriften über die Reinlichkeit.

Artikel 415.

Wer die von der zuständigen Behörde und insbesondere der Polizeibehörde erlassenen Vorschriften übertritt, die sich beziehen auf die Erhaltung der Reinlichkeit, sei es in Gewässern, ungeachtet ob sie zum Gebrauch der Menschen dienen oder nicht, sei es für ausgestellte oder zum Verkauf bestimmte Lebensmittel, in Läden oder Räumlichkeiten, in denen Lebensmittel zubereitet oder verkauft werden, sei es für die Ausübung irgendeines Handwerks, Handels, Gewerbes oder einer anderen Tätigkeit, oder sei es überhaupt für einen Zustand, eine Handlung oder Unterlassung, durch die die öffentliche Reinlichkeit beeinflußt werden kann, wird mit Geldstrafe bis zu 300 Drachmen oder mit Arrest bis zu zwei Monaten bestraft.

Verunreinigung.

Artikel 416.

Wer andere mit Unrat bewirft oder fremde Häuser oder andere Gebäude oder umschlossene Räume verunreinigt, wird mit Geldstrafe bis zu 300 Drachmen oder mit Arrest bestraft.

Verletzung der Vorschriften über Nahrungsmittel.

Artikel 417.

Mit Geldstrafe bis zu 300 Drachmen oder mit Arrest bis zu drei Monaten wird bestraft, wer die Vorschriften der zuständigen Behörde, insbesondere der Polizeibehörde betreffs der Vorlegung der Nahrungsmittel zur obrigkeitlichen Beschau oder Untersuchung, der Verpflichtung der Kaufleute über ihre Beschaffung oder ihre Aufbewahrung betreffs des Ortes, der Zeit, des erlaubten Preises oder anderer Einzelheiten ihres Verkaufs und betreffs der im allgemeinen über den Handel mit ihnen erlassenen Vorschriften übertritt.

Verletzung der Vorschriften über die Verhütung von Überschwemmungen.

Artikel 418.

Mit Geldstrafe bis zu 300 Drachmen oder mit Arrest bis zu zwei Monaten wird bestraft, wer die von der zuständigen Behörde und insbesondere der Polizeibehörde zur Verhütung von Wasserschäden erlassenen Vorschriften übertritt.

Störung des Verkehrs.

Artikel 419.

Wer unbefugt an Orten, die zum allgemeinen Gebrauch bestimmt sind, den Land- oder Wasserverkehr hindert oder auf irgendeine Weise dessen Sicherheit stört oder gefährdet, wird mit Geldstrafe bis zu 300 Drachmen oder mit Arrest bis zu zwei Monaten bestraft.

Widerrechtliche Anfertigung und Lieferung von Sprengstoffen.

Artikel 420.

Mit Arrest bis zu drei Monaten oder mit Geldstrafe bis zu 300 Drachmen wird bestraft, soweit er durch eine andere Gesetzesvorschrift nicht mit schwererer Strafe zu belegen ist,

1. wer ohne die erforderliche Erlaubnis der Behörde Schießpulver oder einen anderen Sprengstoff oder Feuerwerk, leicht entzündbare oder atzende Stoffe anfertigt, verkauft oder sonst liefert, ungeachtet der Vorschrift des Absatzes 2 Satz 1 des Artikel 400, und
2. wer die von der zuständigen Behörde, insbesondere der Polizeibehörde über die Anfertigung, den Verkauf oder sonstige Lieferung, Aufbewahrung, Beförderung oder den Gebrauch eines solchen Gegenstandes erlassenen Vorschriften übertritt oder sich bei einer dieser Tätigkeiten irgendeiner Fahrlässigkeit schuldig macht, durch die eine Gefahr für einen Menschen oder eine fremde Sache entstehen kann.

Verletzungen der Vorschriften über Feuerschutz.

Artikel 421.

Mit Arrest bis zu drei Monaten oder mit Geldstrafe bis zu 300 Drachmen wird bestraft, soweit er nach einer anderen Gesetzesvorschrift nicht mit schwererer Strafe zu belegen ist,

1. wer mit Feuer oder mit Beleuchtungsmitteln unvorsichtig und nachlässig umgeht, so daß dadurch ein Schaden für einen Menschen oder für eine fremde Sache entstehen kann, und
2. wer die zur Abwendung von Feuersgefahr von der zuständigen Behörde und insbesondere der Polizeibehörde erlassenen Vorschriften übertritt.

Verletzung der Bauvorschriften.

Artikel 422.

Mit Arrest oder mit Geldstrafe bis zu 300 Drachmen wird bestraft, soweit eine andere Gesetzesvorschrift eine schwerere Strafe nicht vorschreibt,

1. wer die Vorschriften der zuständigen Behörde und insbesondere der Polizeibehörde, die über Sicherung und Hygiene der Bauten oder über den Bauplan oder über die Abwendung der durch den Bau entstehenden Gefahren erlassen sind, übertritt,
2. wer beim Bauen sich irgendeiner Fahrlässigkeit schuldig macht, durch die ein Schaden für einen Menschen oder eine fremde Sache entstehen kann, und
3. wer sich irgendeiner der in Absatz 1 und 2 bezeichneten Handlungen in Beziehung auf die Ausführung eines anderen entsprechenden Werkes oder beim Abbruch eines Baues schuldig macht.

Gefährdung durch Tiere.

Artikel 423.

Wer ein wildes oder mit gefährlichen Eigenschaften behaftetes Tier frei herumlaufen läßt, wer die Schutzmaßregeln, die zur Abwendung von Beschädigungen durch solche Tiere erforderlich oder von der zuständigen Behörde angeordnet sind, wer ohne Erlaubnis der Polizeibehörde ein gefährliches, wildes Tier hält oder wer Hunde auf Menschen hetzt, wird mit Geldstrafe bis zu 300 Drachmen oder mit Arrest bis zu zwei Monaten bestraft.

Gefährdung durch Umgang mit Waffen.

Artikel 424.

Mit Arrest oder Geldstrafe bis zu 300 Drachmen wird bestraft, soweit er nach einer anderen Vorschrift nicht mit schwererer Strafe zu belegen ist, wer in Beziehung auf den Besitz, Gebrauch oder die Übergabe einer Waffe an einen anderen

1. die Vorschriften der zuständigen Behörde und insbesondere der Polizeibehörde übertritt oder
2. sich irgendeiner Fahrlässigkeit schuldig macht, so daß dadurch ein Schaden für einen anderen entstehen kann.

Gefährdung durch Steinwerfen.

Artikel 425.

Wer gegen Menschen oder auf fremde Häuser oder auf andere Gebäude oder auf Höfe, Gärten oder umschlossene Räume oder Orte, wo sich gewöhnlich Menschen aufhalten oder verkehren, Steine oder andere harte Gegenstände wirft, die geeignet sind, einen Menschen oder fremdes Eigentum zu schädigen, wird mit Geldstrafe bis zu 300 Drachmen oder mit Arrest bestraft.

Unterlassung der Verwahrung von Brunnen usw.

Artikel 426.

Mit Geldstrafe bis zu 300 Drachmen oder mit Arrest bis zu zwei Monaten wird bestraft, wer an Orten, die von Menschen besucht sind,

1. Brunnen, Kellergeschosse, Gruben, Abhänge oder andere künstliche oder natürliche Vertiefungen unverdeckt, uneingezäunt oder sonst unverwahrt läßt, so daß dadurch eine Gefahr für einen anderen entstehen kann, oder
2. ohne Erlaubnis der Polizeibehörde Schlageisen oder Fußangeln, automatisch schießende Maschinen oder ähnliche Einrichtungen aufstellt, durch die eine Gefahr für einen anderen entstehen kann.

Vernachlässigung der Aufsicht über Geisteskranke.

Artikel 427.

Wer die ihm obliegende Aufsicht über einen Geisteskranken vernachlässigt, so daß dadurch eine Gefahr für einen anderen entstehen kann, wird mit Geldstrafe bis zu 300 Drachmen oder mit Arrest bestraft.

Gefährliche Trunkenheit.

Artikel 428.

Wer im Zustande verschuldeter Trunkenheit eine Gefahr für eine Person oder eine wesentliche Störung der öffentlichen Ordnung herbeiführt, wird mit Geldstrafe bis zu 300 Drachmen oder mit Arrest bestraft, es sei denn, daß die Tat nach einer anderen Gesetzesvorschrift eine schwerere Strafe nach sich zieht.

Unterlassung der geschuldeten Hilfeleistung.

Artikel 429.

Wer im Falle eines Unglücks oder einer Gemeingefahr oder Not die von ihm geforderte Hilfe, die er ohne eine wesentliche eigene Gefahr leisten kann nicht gewährt, wird mit Geldstrafe bis zu 300 Drachmen oder mit Arrest bis zu drei Monaten bestraft.

Unterlassene Rettung aus Lebensgefahr.

Artikel 430.

Wer es vorsätzlich unterläßt, einen anderen aus einer Lebensgefahr zu retten, obwohl er dies ohne Gefahr für sein Leben oder seine Gesundheit hätte tun können, wird mit Geldstrafe bis zu 300 Drachmen oder mit Arrest bis zu drei Monaten bestraft.

Verweigerung der ärztlichen Hilfe.

Artikel 431.

Ärzte und Hebammen, die ohne ein gerechtfertigtes Hindernis sich weigern, ihrer Tätigkeit nachzugehen, oder sich betreffs dieser Tätigkeit irgendeiner Fahrlässigkeit schuldig machen, durch die eine Gefahr für einen anderen entstehen kann, werden mit Geldstrafe bis zu 300 Drachmen oder mit Arrest bis zu drei Monaten bestraft.

Vernachlässigung der Anzeige von Geburts- und Todesfällen.

Artikel 432.

1. Wer die ihm nach dem Gesetz obliegende Verpflichtung einer Anzeige über einen Geburts- oder einen Todesfall der Behörde innerhalb der festgesetzten Zeit zu machen unterläßt und
2. wer der Behörde die Auffindung einer Leiche nicht sofort anzeigt,

wird mit Geldstrafe bis zu 300 Drachmen bestraft.

Heimliche oder vorzeitige Bestattung.

Artikel 433.

Wer ohne die erforderliche Erlaubnis der Behörde einen Leichnam bestattet oder irgendwie vernichtet oder öffnet und wer die zur Verhütung der vorzeitigen Bestattung, Vernichtung oder Leichenöffnung erlassenen Vorschriften der zuständigen Behörde übertritt, wird mit Geldstrafe bis zu 300 Drachmen oder mit Arrest bis zu drei Monaten bestraft.

Unterlassung der Anmeldung von Fremden usw.

Artikel 434.

Diejenigen, die die Polizeiverordnungen über die Aufzeichnung oder die der Behörde zu erstattende Meldung über die bei ihnen einkehrenden Fremden oder über ihre Mieter übertreten, werden mit Geldstrafe bis zu 300 Drachmen oder mit Arrest bestraft.

Verletzung der Vorschriften über Privatangestellte.

Artikel 435.

Wer die Polizeiverordnungen über Privatangestellte oder Dienstboten übertritt, wird mit Geldstrafe bis zu 300 Drachmen oder mit Arrest bis zu 15 Tagen bestraft.

Unerlaubte Sammlungen.

Artikel 436.

Wer ohne Erlaubnis der Behörde eine öffentliche Sammlung veranstaltet, wird, wenn er nicht als Bettler angesehen werden kann, mit Geldstrafe bis zu 300 Drachmen bestraft.

Widerrechtliches Anfertigen von Schlüsseln usw.

Artikel 437.

Mit Geldstrafe bis zu 300 Drachmen oder mit Arrest bis zu zwei Monaten sind zu bestrafen:

1. Schlosser und andere Handwerker oder Kaufleute, die ohne Erlaubnis der Polizeibehörde Nachschlüssel oder andere zum Öffnen von Schlössern dienende Werkzeuge an irgend jemand verabfolgen;
2. Schlosser und andere Handwerker, die
   a) ohne Erlaubnis der Polizeibehörde oder ohne Genehmigung des Inhabers einer Wohnung oder einer anderen unbeweglichen oder beweglichen Sache oder seines Vertreters Schlüssel zu Türen, Zimmern oder Behältnissen anfertigen,
   b) Schlösser irgendeiner Art auf jemandes Bitte aufsperren, ohne dazu von der Behörde bestellt worden zu sein, oder sich zu vergewissern, daß der Bittsteller der Inhaber oder der Vertreter des Inhabers der Sachen ist, deren Eröffnung er verlangt.

Verletzungen der Vorschriften über Maße und Gewichte.

Artikel 438.

Mit Geldstrafe bis zu 300 Drachmen oder mit Arrest sind zu bestrafen:

1. Gewerbetreibende, bei denen Wagen, Maße oder Gewichte vorgefunden werden, die zwar zum Gebrauch bei der Ausübung ihres Gewerbes geeignet sind, aber mit dem gesetzlichen Eichungsstempel nicht versehen oder ungenau sind, und
2. die die von der zuständigen Behörde und insbesondere der Polizeibehörde erlassenen Vorschriften über Wagen, Maße und Gewichte übertreten.

Verletzungen der Taxordnung.

Artikel 439.

Wer außer den Fällen der Artikel 411 Absatz 2 und 417 sowie auch jeder anderen besonderen Vorschrift eines Gesetzes, die über die Höchst- und Richtpreise erlassenen Vorschriften der zuständigen Behörde verletzt, wird mit Geldstrafe bis zu 300 Drachmen oder mit Arrest bestraft.

Anfertigung und Verkauf nicht gezeichneter Waren.

Artikel 440.

Mit Geldstrafe bis zu 300 Drachmen wird bestraft, wer Gold- oder Silberwaren ohne das gesetzliche Feingehaltszeichen anfertigt oder verkauft.

Verletzungen in bezug auf den Verkehr mit Geld.

Artikel 441.

Mit Geldstrafe bis zu 300 Drachmen wird bestraft,

1. wer Gegenstände, die eine solche Ähnlichkeit mit Gold- oder Silbermünzen, mit Papiergeld oder diesen Gegenständen gleichstehenden Urkunden gemäß Art. 182 haben, daß sie dafür gehalten werden können, herstellt, verkauft oder irgendwie in Umlauf setzt, und
2. wer Stempel, Reliefs, Platten oder andere Formen anfertigt, die zur Herstellung eines der in Abs. 1 bezeichneten Gegenstände verwendet werden können.

Widerrechtliche Herstellung von zur Münzprägung dienenden Werkzeugen.

Artikel 442.

Mit Geldstrafe bis zu 300 Drachmen oder mit Arrest bis zu drei Monaten wird bestraft, wer ohne schriftliche obrigkeitliche Erlaubnis

1. Siegel, Reliefs, Platten oder andere Formen, die zur Herstellung von Metall- oder Papiergeld oder diesen Gegenständen gemäß Art. 182 gleichstehenden Urkunden, amtlichen Wertzeichen (Art. 187), öffentlichen Bestätigungen oder Zeugnissen verwendet werden können, oder wer
2. Abdrücke der obigen Formen oder Vordrucke der besagten amtlichen Urkunden, Bestätigungen oder Zeugnisse, anfertigt, sich verschafft oder einem anderen als der Behörde oder dem gesetzlich dazu Berechtigten übergibt.

Weigerung der Annahme von Geldstücken.

Artikel 443.

Wer sich weigert, Geldstücke, die im Staate einen gesetzlichen Kurs haben, als Bezahlung anzunehmen, wird mit Geldstrafe bis zu 300 Drachmen bestraft.

Widerrechtliche Herstellung von Privatsiegeln.

Artikel 444.

Mit Geldstrafe bis zu 300 Drachmen werden bestraft Gewerbetreibende, die auf Bestellung unbekannter oder unglaubwürdiger Personen ohne nähere Nachfrage und Versicherung gegen eventuellen Mißbrauch Privatinsignien oder Siegel oder bei bestimmten Handelshäusern in Gebrauch stehende Wechselformulare anfertigen oder abliefern.

Verletzung der Vorschriften über Pfandleihanstalten.

Artikel 445.

Wer die von der zuständigen Behörde erlassenen Vorschriften über Pfandleihanstalten übertritt, wird mit Geldstrafe bis zu 300 Drachmen oder mit Arrest bis zu drei Monaten oder mit beidem bestraft.

Verheimlichung einer Tötung.

Artikel 446.

Wer eine Tötung, die nach den Vorschriften der Art. 91 und 93 nicht strafbar ist, begangen und der nächsten Behörde nicht schleunigst davon Anzeige gemacht hat, wird mit Geldstrafe bis zu 300 Drachmen oder mit Arrest bestraft.

Verringerung von Grundstücken.

Artikel 447.

Wer vorsätzlich und unbefugt ein fremdes Grundstück, einen öffentlichen oder einen Privatweg oder einen Platz, die Grenzen der Besitztümer durch Graben oder Abpflügen oder ähnliche Weise verkleinert, wird mit Geldstrafe bis zu 300 Drachmen oder mit Arrest bis zu drei Monaten bestraft.

Die Strafverfolgung tritt nur auf Antrag ein, außer wenn es sich um einen Weg oder Platz im öffentlichen Gebrauch handelt.

Unbefugte Ausübung eines entzogenen Rechtes.

Artikel 448.

Wurde jemandem durch eine wegen einer Straftat erfolgten Verurteilung ein bestimmtes Recht endgültig oder auf Zeit entzogen, und übt er dieses Recht trotzdem aus, so wird er, wenn die Tat nicht nach einer anderen Gesetzesvorschrift eine schwerere Strafe nach sich zieht, mit Geldstrafe bis zu 300 Drachmen oder mit Arrest bis zu drei Monaten bestraft.

Verletzung von Polizeiverordnungen.

Artikel 449.

Wer eine Polizeiverordnung übertritt, die einen anderen Gegenstand oder Zweck betrifft, als die oben im einzelnen angeführten Vorschriften, wird mit Geldstrafe bis zu 300 Drachmen oder mit Arrest bestraft.

Anhang.

Literatur zum griechischen Strafrecht.

I. Zusammenstellung der älteren Literatur bei Kypriades, Strafgesetzgebung der Gegenwart Bd. I (1894), Art. Griechenland, S. 338; Thot, Gerichtssaal Bd. 71, S. 175 (1907).

II. Neuere Literatur:

1. Lehrbücher, Kommentare.

Eliopulos, System des griechischen Strafrechts, Bd. I, 4. Aufl. Athen 1927, Bd. II in Druck. (gr.)

Kostis, Kommentar zum StGB., neue Ausgabe besorgt von A. Buropulos. Bisher erschienen: Bd. I, Athen 1926. (gr.)

2. Monographien:

Andreades, Les peines parallèles, Paris 1899.

Chorafas, Über den Begriff des strafrechtlichen Dolus, Athen 1922—23. (gr.)

Chorafas, Die Trunkenheit im Strafrecht, Athen 1924—27. (gr.)

Eliopulos, Der italienische Vorentwurf und die Anthropologische Schule, Athen 1922. (gr. u. franz.)

Eliopulos, Die heutige Auffassung über die Strafe u. das neue griechische Strafgesetzbuch, Athen 1927. (gr.)

Jotopulos, Fahrlässige Kriminalität vom juristischen, anthropologischen und soziologischen Standpunkt, Athen 1910. (gr.)

Jotopulos, Über Vollendung und Versuch strafbarer Handlungen, Korfu 1927. (gr.)

Kotulas, Die Entwicklung des Gefängniswesens und der Kampf gegen die Kriminalität der Kinder und Jugendlichen in Griechenland 1836—1926, Athen 1927. (gr.)

Kypriades, Soziologische und kriminologische Studien, Athen 1899. (gr.)

Vlavianos, Zur Lehre von der Blutrache, München 1924.

3. Zeitschriften.

Archiv für Strafrechtswissenschaften, herg. von Tegopulos, erscheint seit 1926. (gr.)

„Themis", Zeitschrift allgemein-juristischen Inhalts (Enthält u. a. Sammlungen von strafrechtlichen Entscheidungen), herg. von Pratsikas, Athen.

Kolibri 360 GmbH
Ferdinand-Jühlke-Straße 7
99095 Erfurt, Deutschland
produktsicherheit@kolibri360.de